ヤバいくらい成果が出る人財教育の仕組み化

株式会社プリマベーラ
経営サポート事業部社長執行役
松田幸之助 著

株式会社プリマベーラ
取締役会長
吉川充秀 編著

はじめに

松田幸之助《まつだこうのすけ》

本書をお手に取っていただきありがとうございます。

この本はタイトルの通り**「ヤバいくらい成果が出る人財教育の仕組み化」**について解説しています。

そして、この本を執筆している私、松田幸之助は何を隠そう、最終学歴は「実質小卒」です。

「え？？？」と思うかもしれませんが、少しだけお付き合いください。

今でこそ私は社長執行役兼ＣＣＯ（最高コンサルティング責任者）という大層な肩

書ですが、入社当時はちょっと生意気な、いちアルバイトでした。

私が入社した株式会社プリマベーラという会社は群馬県に本社を構え、小売業・EC事業・整骨院事業・経営サポート事業など**「多角化経営」**をしています。

創業者である現会長の吉川充秀《よしかわみつひで》は**「仕組み化日本一の中小企業を創る」**というビジョンを掲げ、現役社長時代は14年間にわたり、月400時間以上働きながら成果の出る仕組みづくりを行っていました。

そのおかげもあり、株式会社プリマベーラは、吉川が社長を退任した後も増収増益を続け、現在**15期連続増収増益、13期連続過去最高益、売上51億円企業**へと成長しています。

カリスマ経営者であった吉川が社長を退任しても増収増益を続けているのが不思議でしょうがないのか、本当に多くの社長から**「なんでそんなに事業承継がうまくいっているの？」**とご質問をいただきます。

それに対し、私は毎回同じ答えをお伝えしています。

それは**「仕組みがあったからです」**と。

プリマベーラにはたくさんの「成果の出る仕組み」があります。

とはいえ、私たちだけでなく、多くの企業が同じように「仕組みづくり」をしています。

しかし、仕組みはあっても、その仕組みがうまく機能していない会社は少なくありません。

その原因を私たちは「仕組みを運用する人」、つまり「人財教育不足」ではないかと考えています。

車という、速く手軽に移動できる道具（仕組み）も運転手の技術がなければ活用できません。

教習場に行き、車の使い方の勉強をして、車という仕組みが使えるようになるのです。

プリマベーラは15期連続増収増益

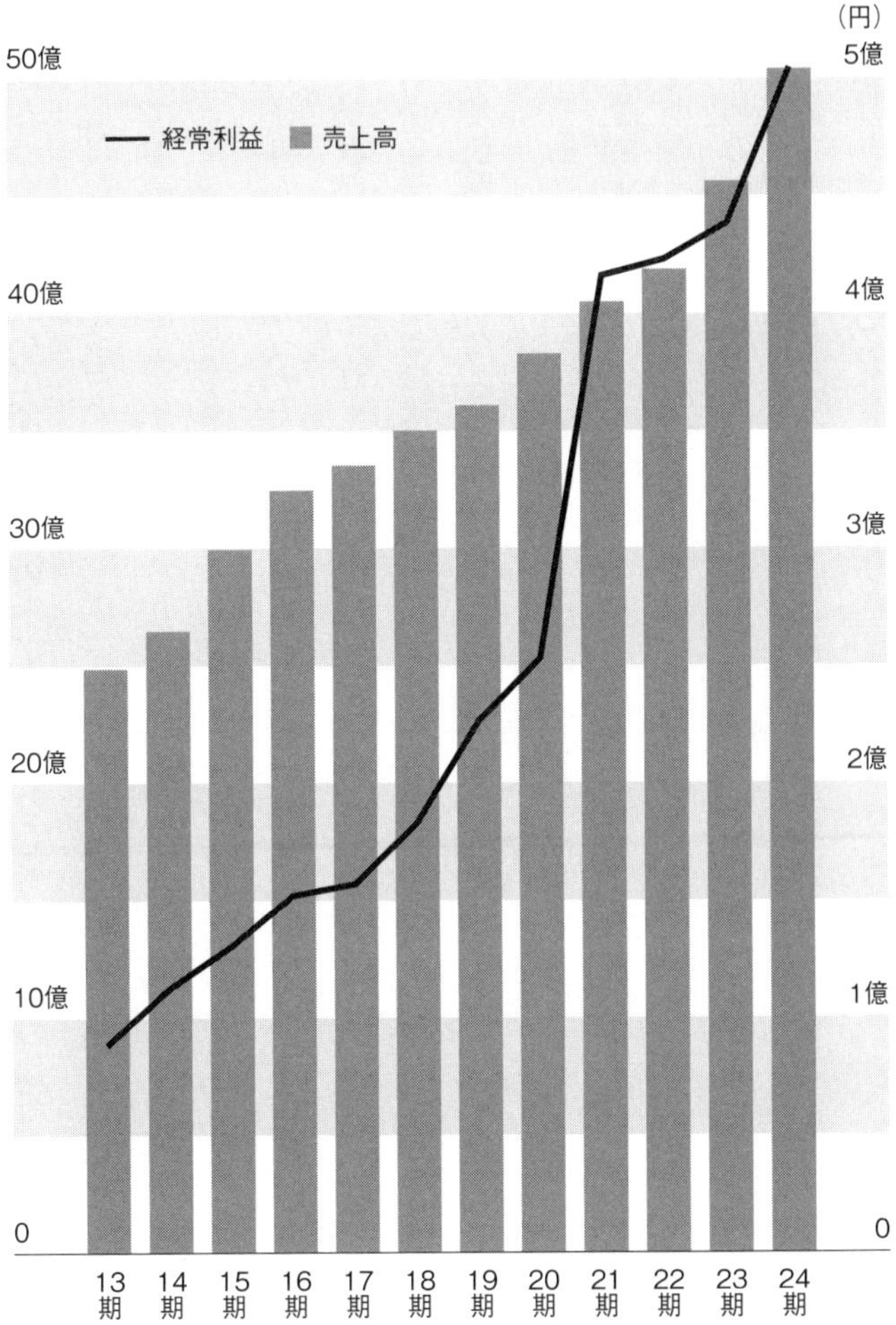

会社も同じです。どんなに優れた仕組みがあったとしても、その仕組みを活用する「人」が、仕組みを活用できるレベルに達していなければ、成果の出る仕組みも宝の持ち腐れなのです。

吉川は「仕組み」があってもそれを動かす「人」が育ってなければ効果が薄いと、とにかく社員教育に力を入れていました。

私が吉川から学んだことは本当に山のようにあるのですが、その中で「時間の使い方」について衝撃を受けたエピソードをご紹介しましょう。

私がまだ22歳の頃、当時社長だった吉川と一緒に出張する機会があり、吉川は移動中に仕事をしようと新幹線の「グリーン車」に乗りました。

私は人生初のグリーン車にハラハラドキドキ。

「電車で人が立っていない！」とバカ丸出しの感想を抱いていた気がします（笑）。

車中で私はトイレに行こうと立ち上がりました。

不意に吉川が**「トイレに行くとき、戻るとき、周りの人が何をしているか見てきてごらん」**と言われ、グリーン車に座っている人たちを注意深く観察しました。

そして、席に戻ったと同時に吉川が「皆何をしていた？」と質問されたので私は「寝ているか、ゲームをしているか、本を読んでいるかがほとんどでした」と答えました。

すると吉川が「この時間の使い方が差になるんだよ」と一言。

私は雷に打たれたように「なるほどーーー！」と深く納得しました。

それ以降、私は時間の使い方を見直し、移動中も仕事をしたり、学習したりを始めました。そして今では私が、吉川から教わった電車内の時間の使い方を後輩たちに伝えています。なんとも不思議な感覚ですが……。

このように、本書では仕組みを動かす「人」に焦点を当てていきます。同時に「成果の出る人財教育の仕組み」を余すことなくご紹介させていただきます。

「は？　小卒から学ぶことはないよ」と思われる方は本書を購入しないことを強く強く推奨します（悲しいですが……）。

それでもお読みいただける読者の皆様には、**私が実質小卒のアルバイトから社長執行役まで成長したプリマベーラで「実在している仕組み」と「私が体験してきたすべて」をご紹介します。**

日本の少子高齢化、採用難はこれからますます加速します。だからこそ「新卒採用・中途採用・ヘッドハンティング」といった外向きの活動だけでなく、今いる人財を育て戦力化する内向きの「人財教育」が重要です（なぜ「人財」かは後述）。

本書を手に取ってくださった経営者の皆様には、**「成果を出す人財育成の仕組み」**を手に入れていただきたい。

そして、ビジネスパーソンの皆様には、**「自分がどうすれば圧倒的に成果を出せる人財になれるか」**を知るヒントをつかんでいただけるよう執筆しました。

かつての私は**「家なし・学なし・お金なし」**。何も持たず、ゼロどころかマイナスからのスタートでした。

それでも、弊社会長・吉川との出会いをはじめ、恩師とも言える株式会社武蔵野代表取締役・小山昇《こやまのぼる》社長、矢島茂人《やじましげと》専務など、数多くのご縁に恵まれ、多くの学びと成長の機会を得ることができました。

その結果、私自身が「成果を出せる人財」となり、人生を大きく変えることができました。

そして今、この本を手に取っている皆様なら、小卒の私以上に「成長と成果」を掴み取ることができるはずです。

なぜなら、本書には**「最短最速で、なおかつ確実に人財が育ち、成果が生まれ続ける仕組み」**のすべてを詰め込んだからです。詰め込みすぎて、ビジネス書2冊分のボリュームになりましたが、価格は2200円に抑えました（笑）。もちろん、価値はそれ以上。吉川が講師を務め、参加費が176万円するセミナー「吉川充秀の実践経営塾」の人財育成に関する内容を、ほぼ網羅しているのですから。

「人が成長し、成果を生む組織をつくりたい」
「成果を出せる人財になりたい」

そのためのヒントや解決策をお届けできれば、著者としてこれ以上の喜びはありません。

それでは「ヤバいくらい成果が出る人財教育の仕組み化」をご体感ください！

株式会社プリマベーラ
経営サポート事業部社長執行役（CCO）
松田幸之助

第1章

人財教育が成果につながる理由

執筆：松田幸之助

第2章

人財教育の方程式「スキル×モチベーション×ベクトル」

執筆：松田幸之助

第3章　マニュアル化、チェックリスト化でスキルを磨く

執筆：松田幸之助

第4章

仕組みと制度でスキルを磨く

執筆：松田幸之助

第5章

2.56倍の「やる気」の差がつくモチベーションを高める仕組み

執筆：松田幸之助

第6章

会社の辞書をつくって、社長と社員のベクトルを合わせる仕組み

執筆：松田幸之助

第7章

社長と社員のベクトルを合わせる経営計画書の仕組み

執筆：松田幸之助

第8章

仕組みで人を教育し、人が仕組みを磨く

執筆：松田幸之助

カバー・本文デザイン：ナカミツデザイン
DTP：株式会社センターメディア

第1章

人財教育が成果につながる理由

執筆：松田幸之助

最速・最短で成果が出る業績方程式

■「戦略確率×実行確率」を分解する

株式会社プリマベーラは群馬県に本社を構え、北関東を中心に4事業部18業態52店舗を展開している多角化企業です。

おかげさまで現在売上高51億円。経常利益5億円。

15期連続増収増益を達成しながらも、正社員離職率は5年平均で1％未満を達成しています。

なぜプリマベーラは、増収増益という「成果」を出し続けることができるのか。それは、私たちが**「独自の業績方程式」**を持っているからです。

それが
「戦略確率×実行確率」
です。

社長が考える戦略がどんなに素晴らしくても現場が実行してくれなければ成果は出ない。逆に現場がどんなに実行しても戦略がイマイチだと成果が出ない。

とってもシンプルですが、パワフルな方程式だと私たちは思っています。

とはいえ「戦略確率」と「実行確率」はどちらも大きなテーマであり、ただ意識するだけではそれぞれを高めることはできません。

そこで、**私たちは 戦略確率を「報告と決定」、実行確率を「実施とチェック」と定義しました。**

■「報告と決定」が戦略確率を、「実施とチェック」が実行確率を高める

戦略を決めるには、まず情報が必要です。

特に重要なのが「現場からの報告」です。

お客様の声やライバルの動向、業務の効率化に関する改善提案など、成果を出すには「現場の生の声」が欠かせません。

現場の声を参考にしない意思決定と、現場の声をもとにした意思決定とでは、戦略の精度に大きな差が生じます。

また、限られた3つの情報をもとに決めた戦略と、10個の情報をもとに意思決定した戦略とでは、当然「戦略確率」に違いが生まれます。

すなわち「報告の質と量、それに基づく決定」こそが戦略確率を高める要素だと私たちは考えています。

最短・最速で成果が出る業績方程式

会社の業績

＝

戦略確率

×

実行確率

しかし、どんなに優れた戦略を意思決定したとしても、それが実行されなければ成果にはつながりません。

そこで私たちは、マニュアルやチェックリストといったさまざまな「実施しやすい仕組み」を構築しています。

また、「実施してください」と社員にお願いするだけでは、残念ながら実行確率は上がりません。

だからこそ、私たちは必ず「チェック」を行います。

「報告と決定」で戦略確率を高める。

「実施とチェック」で実行確率を高める。

このような仕組みをつくることで、成果が出る戦略が決まり、それが確実に実行される環境を整えているのです。

社長の仕事「決定とチェック」の仕組み

■決定の精度を上げる会議の仕組み

業績は「戦略確率×実行確率」で決まります。

この「戦略確率×実行確率」を要素分解すると

「報告→決定→実施→チェック」

の流れになります。

この流れを私たちは「決定サイクル」と呼んでいます。

この決定サイクルの4つの要素は、社長が担当すべき要素と、社員が担当すべき要素とに分かれています。

社長が担当すべき要素は「決定とチェック」です。

社員が担当すべき要素は「実施と報告」です。


なぜ社長の仕事は「決定とチェック」なのでしょうか。

シンプルに言うのであれば**「決定なくして実施なし」**、**「チェックなくして実施なし」**。

つまり、社長が決定とチェックをしないかぎり「現実、現場は変わらない」からです。


社長としての重要な仕事の1つが**「意思決定」**です。この意思決定を仕組み化するために、私たちは「会議の仕組み」を構築しています。

会議の仕組みは大きく分けて2つあります。

1つは、お客様の声やライバル情報、改善提案、自分の考えなど、「定性情報」に基づいて意思決定を行う会議です。主に日報や日々の業務報告に基づく意思決定が中心です。

業績方程式を要素分解した決定サイクル

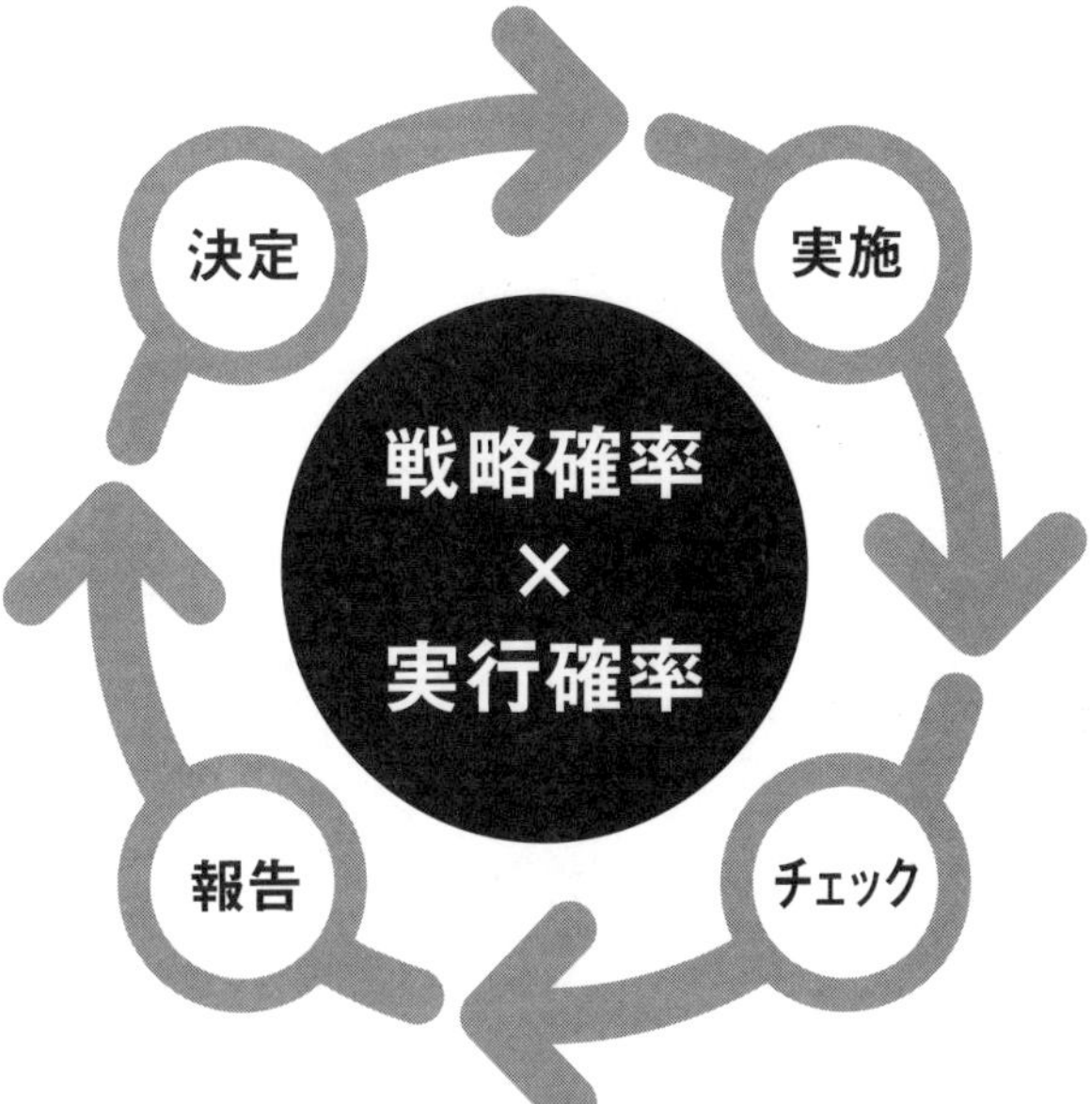

もう1つは、販売実績など数字による「定量情報」に基づいて意思決定を行う会議です。

私たちは、会長・社長を含む全従業員に**「EG（エマジェネティックス）」**という心理測定ツールを導入しています。EGは、一人ひとりの「思考特性」と「行動特性」が一目でわかる強力なプロファイリングツールです（233ページで紹介します）。EGを用いると、その人が定性情報を好む傾向にあるか、定量情報を好む傾向にあるかがわかります。多くの会社では、社長の思考特性により、定性情報の会議に偏ったり、逆に定量情報の会議に偏ったりする状況がよく見られます。

実際、弊社の会長である吉川もEGの思考特性的には「定性情報」を中心に意思決定をする傾向がありました。しかし、吉川はそれを自覚し、あえて**「数字と向き合う会議」**を構築し、導入しました。こうして、定性情報と定量情報の両面から意思決定を行う会議の仕組みをつくり上げたのです。苦手な数字と積極的に向き合うために**「仕組みで解決する」**。まさにプリマベーラらしいやり方です。

本書のテーマではないため、詳細は割愛しますが**「定性情報と定量情報で意思決定する会議の仕組み」を構築することは「決定の精度」を高めるための非常に効果的な手法です。**

■タスクを可視化するチェックの仕組み

社長にとってもう1つの重要な仕事が**「チェック」**です。チェックがなければ実施はありません。どんなに優れた意思決定を行っても、現場のメンバーが実行してくれなければ成果は出ません。

多くの社長からよく聞く悩みの1つに**「お願いしても社員が実施してくれない」**というものがあります。

この問題の多くは「チェックの仕組み」を整えていないことが原因です。**社員は「どうせチェックされないし、少したてば社長も忘れるだろう」と思って、実行の確率が下がってしまうのです。**

そんな悩みを抱える社長におすすめしたいのが、**簡単で効果的な「タスク管理」の仕組みです。**

私たちは「チャットワーク」というチャットツールを活用していますが、その中に「タスク管理機能」があります。このタスク管理機能とGoogleのスプレッドシートを「Google Apps Script」というシステムで連携させることで、成果を出すためのチェックの仕組みを構築しています。誰が、何を、いつまでに、どれだけのタスクを抱えているかが一目瞭然になり、タスクが可視化されることで、タスクが少ない人が多い人の仕事を手伝うこともできます。

さらに、**個人ごとのタスク実行確率もデータとして表示されます。**期限を守っているのか、期限切れが多いのかが可視化され、それが評価にも反映される仕組みになっています。

従来のタスク管理手法では「実行確率」を可視化することができず、従業員の中には**「多少期限が過ぎても問題ないだろう」**という意識がありました。

チャットワークを使ったタスク管理の仕組み

※毎月15日付近の会議で前月のタスク振り返りを行う　　タスク完了チェックを依頼す

チャット名	作成日	依頼者	担当者	タスク内容	期日	依頼者チェッ
松田さん以外	2025/03/03	関口美穂	渡辺貴史/CMO(続	来社予定ありましたら こちらに入力お願いします! なければ、タスク完了お願いします。	2025/3/7	完了
松田さん以外	2025/03/03	本間涼介 課長 経	小暮克也 営業課	Youtubeのサムネイル作成をお願いします！ サムネイル（提案）に書いてあるのが サムネイルに入れて欲しい文言です！ 一気にじゃなくて大丈夫なので 上から一枚ずつ進めていただけると！	2025/3/20	
松田さん以外	2025/03/01	インフォメーシ	小暮克也 営業課	■優先度高：タスク期限切れたら評価減 月が変わったので、 これから実施するタスクは、 タスクチェックシートの当月分で実施・完了を行っ ●実行すること ・今月1日以降に実施したタスクの 実施チェック・コメントは当月のタブで行うこと、 ・未完了タスクで先月と今月両方のタブにデータが やることの意味がよくわからない場合は↓のマニュア 上記が出来たらタスク完了。	2025/3/4	

しかし、個人ごとに「実行確率」を可視化する仕組みを導入したところ、想像以上に従業員の「実行確率」が向上しました。

タスクの実行確率を可視化するタスク管理を導入した当初、**「期限内実行確率」60％に満たない従業員もいる状態でしたが、現在ではほとんどの従業員が「期限内実行確率90％以上」を維持しています。**

期限内実行確率が60％から90％以上に向上するだけで、それに比例して「成果」も向上します。しかも、変更したのは「実行確率を可視化しただけ」です。

このようなちょっとした仕組みの改善だけでも、大幅に実行確率を高めることができるのです。

この仕組みは、弊社のバックヤードツアーに参加された多くの社長や幹部の方々から「これはすごい！　自社に導入したい」と驚かれています。ちなみにプリマベーラはチャットワークの正規代理店でもあります。チャットワークをフル活用した数多くの成果が出る仕組みを提供しています。気になる方はお問い合わせください。

社員の仕事「実施と報告」の仕組み

■実施を容易にする3つの仕組み

前項で見たように、私たちは、社員の仕事を「社長が決めた意思決定を実施すること」と定義しています。しかし、現実的には実施が容易なものもあれば、難しいものも存在します。では、なぜ実施できないのか？　私たちはその原因を**「実施を妨げる3大要因」**と定義しています。

①何をすればいいか、わからない

②どのようにすればいいか、わからない

③いつ、誰がやればいいか、わからない

社員が実施できない理由は、この3つに集約されます。プリマベーラでは、これらの要因も「仕組み」で解決することにしています。

何をすればいいかわからない悩みは**「チェックリスト」**をつくることで解決。
どのようにすればいいかわからない悩みは**「マニュアル」**をつくることで解決。
いつ、誰がやればいいかわからない悩みは**「カレンダー・タスク管理」**で解決。

社長が決定したことを実行しやすくするために、仕組みを活用することが、実行確率を上げるための重要なポイントです。

■報告の質・量を上げる仕組み

社員のもう1つの重要な仕事が「報告」です。

社長が決定したことを実行した結果は「お客様の声」や「売上などの数字」として返ってきます。この「結果」を報告することが、社員の大切な仕事です。なぜなら、「報告なくして決定なし」だからです。

お客様がいる現場に最も近い社員の「報告」によって、現場から遠い社長の意思決定の精度が大きく変わります。「社長の意思決定はイマイチだ」と社員が感じる場合、それは社長が求めている情報が正しく「報告」されていないのかもしれません。

これも**「日報」の仕組み**を使って、質・量ともに十分な報告を集めることが可能です。

このように「報告→決定→実施→チェック」という「決定サイクル」を「仕組み」を使って回すことで、ライバルに差をつけ、成果を上げることができるのです。

生成ＡＩで仕組みづくりを爆速回転させる

■仕組み化経営×生成ＡＩ

報告と決定が戦略確率を構成し、実施とチェックが実行確率を構成します。
つまり、「業績＝戦略確率×実行確率」で表すことができるため、報告・決定・実施・チェックという経営の４要素の精度を高めれば、確実に成果を上げることができるのです。

この決定サイクルの質を高め、さらに高速回転させることができるツールが、今話題のChatGPTやGeminiなどの「生成ＡＩ」です。

日々大幅に進化し続ける生成ＡＩは、企業経営を進めるうえで、もはや無視できない存在になっています。

私たちプリマベーラでも、２０２３年9月22日より、ＡＩに興味がある、またはＩＴに強い社員を中心に「ＡＩ研究会」を立ち上げ、積極的にＡＩを研究し、実験を重ねています。

２０２５年2月現在、仕組み化経営と特に相性が良い生成ＡＩがChatGPTとGeminiです。ChatGPT、Geminiは簡単に言えば「対話するＡＩアシスタント」です。秘書やコンサルタントに質問したり、相談したりするようにChatGPTに問いかけると、非常に具体的かつ高度な返答が得られます。

実際に私がChatGPTに触れたとき、その性能に衝撃を受けました。質問を投げかけると、すぐに具体的で的確な答えが返ってくる。その対応力は、まるで優秀なコンサルタントと対話しているかのようでした。

この体験を通じて**「このままだと、コンサルタントの仕事がなくなるのではないか」**と感じたほどです。正確には「知識やノウハウを伝えるだけのコンサルタント」は、今後生成ＡＩに取って代わられるだろうと強く実感しました。

実は、前著『ヤバい仕組み化』を出版した際にも、多くの読者や経営者の皆様から「ビジネス書1冊の値段で、経営ノウハウをこんなに公開して大丈夫なのですか？」という驚きのメッセージを多数いただきました。「ノウハウをこれほど公開してしまうと、コンサルティング事業部の売上に影響が出るのでは？」と危惧してくださったようです。

しかし、私はその時も、そして今も、知識やノウハウの価値は急激に低下していくと考えています。理由は、まさに生成ＡＩの登場によって、これまでのように「知識を伝えるだけ」の役割はＡＩが行うからです。だからこそ、知識を隠すのではなく、むしろすべてを公開しようという思いで前著を執筆しました。本作においても、出し惜しみなく、私たちの成果を生む仕組みを公開していきます。

これからの時代、残るコンサルタントは「本物」だけです。「お客様との約束」にしっかりコミットし、必ずその約束を達成させることができるコンサルタントだけが、生き残るでしょう。

そのため、私はコンサルティング事業部のチームメンバーに対して常に**「本物のコンサルタントとして、お客様の価値実現にコミットしよう」**と繰り返し伝えています。

■生成AIでマニュアルを爆速で作成する方法

さて、読者の中には「実際にどのように生成AIを活用しているのか？」と気になっている方もいるかと思います。そこで、仕組み化経営×生成AIの実践的な活用方法についてご紹介します。

生成AIにはさまざまな活用方法がありますが、すぐに導入できて効果が高い手法の1つが「マニュアル作成」です。

通常、マニュアルをつくるとなると、人によっては2～3時間かかることもあります。しかし、生成AIを活用すれば、ものの数分でマニュアルを作成することが可能になるのです。

生成AIを効果的に活用するには、「プロンプト」と呼ばれる「指示の出し方」が重要です。そこで私たちは「マニュアルのつくり方マニュアル」を作成し、誰でも簡単にマニュアルをつくれる仕組みを構築しました。

「マニュアルのつくり方マニュアル」には、以下の基本フォーマットがあります。

・目的（このマニュアルは何のためにあるのか？）
・基本（このマニュアルの基本方針、大枠は何か？）
・具体（このマニュアルの具体的な事例は何か？）
・禁止事項（このマニュアルの中でやってはいけないことは何か？）
・目標（このマニュアルでどのぐらいの成果を目指しているのか？）

このフォーマットをもとに、生成ＡＩに指示を出してみてください。

すると、たたき台となるマニュアルが、ものの数秒で作成されます。

これにより、マニュアル作成にかかる時間を大幅に短縮でき、さらにマニュアルの質も一定の水準を保つことが可能になります。

次ページに実際の指示と、ＡＩが作成したマニュアルを載せています。いかがでしょうか。これだけでも十分に活用できる接客マニュアルになっていると思います。

あとは、自社の文化や業務フローに合わせて少しアレンジを加えるだけで、簡単に実用的なマニュアルを作成することができるのです。

仕組み化経営と生成ＡＩは非常に相性が良いため、ぜひ積極的に活用してみてください。**なお、「仕組み化経営×ChatGPT 活用」については、上記の私たちのYouTubeで無料で公開しています。ぜひご視聴いただき、中小企業経営における生成AIとの付き合い方の参考にしてみてください。**

● **具体**（このマニュアルの具体的な事例はなにか?）

1. 基本的な接客の流れ

- 入店時の挨拶：「いらっしゃいませ!」と明るく笑顔で迎える
- お客様の様子を観察する（すぐに話しかけるべきか、見守るべきかを判断）
- 適切なタイミングで声かけ：「何かお探しでしょうか?」など
- 商品説明：ポイントを押さえ、専門用語は避ける
- レジ対応：お釣りは丁寧に渡し、「ありがとうございました」とお見送り
- 退店時の挨拶：「またお待ちしております!」

2. 商品の説明と提案

- お客様のニーズを聞き出す：「どんな用途でお探しですか?」
- メリット・デメリットを正直に伝える（押し売りにならないように）
- セット購入や関連商品を提案：「こちらも一緒にお使いいただくと便利です」

3. クレーム対応

- 冷静に話を聞く（相手の怒りを受け止める）
- 謝罪する：「申し訳ございません。すぐに確認いたします」
- 適切な対応を提案する（返品・交換・補償など）
- 上司や責任者にエスカレーションする（判断が難しい場合）

● **禁止事項**（このマニュアルの中でやってはいけないことはなにか?）

- 無愛想な対応・不機嫌な態度をとる
- お客様を無視する・適当にあしらう
- タメ口や不適切な言葉遣いをする（「マジですか?」など）
- 店内でスタッフ同士の私語をする
- 携帯電話をいじる・業務中に遊ぶ
- 不衛生な身だしなみ・乱れた服装で接客する
- お客様に対して強引な販売を行う
- クレームに対して感情的になったり、言い訳をする

● **目標**（このマニュアルでどのぐらいの目標をめざしているのか?）

- リピーター率の向上（例：半年以内に 20% 増加）
- お客様満足度アンケートの評価平均 4.5 以上（5 点満点）
- クレーム件数の削減（前年対比で 30% 減少）
- 新人スタッフの接客研修受講率 100%
- 全スタッフが 1 ヶ月に 1 つ以上の接客向上の取り組みを実践する

実際のプロンプト（指示文）

下記のフォーマットに基づき小売業の接客マニュアルを作成したいです。
すべての項目に箇条書きで中身を作成してください。

- 目的（このマニュアルは何のためにあるのか?）
- 基本（このマニュアルの基本方針、大枠は何か?）
- 具体（このマニュアルの具体的な事例はなにか?）
- 禁止事項（このマニュアルの中でやってはいけないことはなにか?）
- 目標（このマニュアルでどのぐらいの目標をめざしているのか?）

ChatGPT4oでの実際の回答

小売業の接客マニュアル

- 目的（このマニュアルは何のためにあるのか?）
  - ・接客品質の統一を図り、店舗全体のサービスレベルを向上させる
  - ・お客様満足度を高め、リピーターを増やす
  - ・スタッフが自信を持って接客できるようにする
  - ・クレームの防止とトラブル対応をスムーズにする

- 基本（このマニュアルの基本方針、大枠は何か?）
  - ・笑顔・元気・丁寧な接客を徹底する
  - ・お客様第一主義を貫く（お客様の気持ちを最優先に考える）
  - ・清潔感のある身だしなみを維持する
  - ・分かりやすい説明と的確な対応を心がける
  - ・クレームやトラブルには冷静に対応し、速やかに解決策を提示する

仕組みを動かす人を育てる「人財教育の仕組み化」

■「仕組みを運用する人」がポイント

繰り返しますが「決定サイクル（報告→決定→実施→チェック）」を高速回転させることができれば、必ず成果につながります。

「戦略確率×実行確率」という方程式を信じて経営してきた弊社が結果を出しているのは当然ながら、仕組み化経営を導入してくださっている企業様も、同じように成果を感じていただいています。

しかし、報告の仕組み、決定の仕組み、実施の仕組み、チェックの仕組みといった

「成果につながる仕組み」を構築したとしても、それらの「仕組みを運用する人」が育っていなければ、残念ながら成果は大幅に減少してしまいます。

例えば、入社10年目のベテランと、入社1年目の新卒とでは、同じ仕組みを運用したとしても、当然ながら成果に差が出ます。

弊社では、入社した日から「日報」を通じて「報告」をしてもらう仕組みがあります。ただ「自由に報告してね」と言われても、新人にとっては何をどう書けばいいかわからず、報告のハードルが高くなってしまいます。そこで、報告しやすいように「フォーマット」を準備し、誰でもスムーズに日報を書けるように工夫しています。

とはいえ、1日の取り組みを文章で報告することに慣れていない新人には、最初は負担に感じることもあります。

そのため、入社間もない新人の報告は100~200文字前後と比較的短く、報告の量も多くはありません。

しかし、なぜ日報が重要なのか。日報でどのような報告をしてもらいたいのか。日報での報告をするためにどうすればいいのかなどをレクチャーすることで、「報告の量や質」が徐々に高まっていきます。

つまり、どんなに優れた仕組みがあったとしても、その仕組みを運用する「人」を教育して育てなければ、成果は出ないのです。

そして、成果を出す人を育てる仕組みこそが、本書のメインテーマである「人財教育の仕組み化」なのです。

次章から詳しく、私たちの「人財教育の仕組み化」を紹介していきます。

第1章のポイント

- 組織で成果を出すには「報告・決定・実施・チェック」の決定サイクルを回すことが必須である。
- 社長は「決定」と「チェック」、社員は「実施」と「報告」を担当することで組織が動き出す。
- 定性情報（お客様の声など）と定量情報（数字）を活用することで戦略確率が向上する。
- タスク管理の仕組みで実行確率を可視化することができれば、社員の実行確率が大幅に向上する。
- チェックリスト・マニュアル・カレンダー管理を活用すれば、社員が実施できない理由がなくなる。
- 生成AI（ChatGPT・Gemini）を活用すれば、仕組みづくりのスピードが加速する。
- 仕組みがあっても、それを運用する「人財」を育てなければ成果は出ない。

コラム

数字が苦手な私が数字に強くなったワケ

執筆：吉川充秀

社長といえども得意と不得意があります。**中小企業の経営者は、最も難易度が高い職種**だと言われます。それは、大企業の経営者が、戦略の決定だけに集中すればよいのとは違って、**中小企業の経営者は何でも屋さんでないといけない**からです。戦略、戦術などの大小さまざまな決定、現場を回りながらのチェック業務、銀行さんを回りながら資金調達、社員教育に面談、食事会、みずからのトップ営業や企業視察、自己研鑽のセミナー、読書……。やるべきことがごまんとあるのが中小企業の経営者です。

そんな数ある仕事の中でも、私が苦手だったのが数字です（苦笑）。エクセルを使って自社の経営計画や、シミュレーションなどをつくっていると、股間がムズムズしてきます（苦笑）。ちょうど、右利きの人が、左手で鉛筆を握って字を書くようなものです。論理的思考が苦手な私には、できないことはないけど、避けたい仕事でした。しかし、オールラウンダーが求められる中小企業の経営者。**長所、短所はあれど、欠点があると、それが致命傷になります。「短所はよいが、欠点はいけない」というのが共通の認識です。**私たちの会社では、100点中10点、20点しか取れないのが「短所」だとすると、「欠点」とは、マイナス10点、マイナス20点になるもの。できないと致命傷になるものが欠点。もし私が、「数字は自分が苦手だから、社員に全部任せる」と言えば、致命傷になりかねません。なぜなら、**ビジネスは「主語と述語と数字」で語るもの**だからです。数字は避けて通れない授業科目なのです。

自他ともに認める数字嫌いの私は、**数字による会議をしなくてはいけない仕組みをつくって欠点を克服しました。**毎月、4つの事業部の事業部長と「業績検討会議」という、数字だけを見ながら、問題点を抽出し、意思決定を行う会議をスケジューリングしました。今だから言いますが、大変苦痛な会議でしたが、自分でスケジューリングして決めたから仕方がない(苦笑)。イヤイヤながらも仕方なく、数字脳を磨きました。こんな会議を5年も続けると、数字嫌いが克服されて、欠点どころか数字という授業科目で言えば、平均点以上の社長になれました（笑）。

また、２０１４年頃から、株式会社武蔵野の小山昇社長の経営計画合宿のチェック講師を任命されて、年間に30日ほど、全く異業種の他社の数字だらけの経営計画をチェックする仕事を仰せつかりました。これも、**自分の欠点を認識しつつ、その欠点克服と自分自身のスキルアップのために、あえて志願しました。**開始当初は、苦手な数字を１日に十何時間も見続けるので、ストレスが原因で、口から血を吐いたこともありましたが、血を吐くほどの努力の甲斐もあり「吉川さんは、数字に強い」と周りの社長から、お褒めいただけるようになりました。これも、**自分の苦手なことをあえてカレンダー化するという仕組み化の技術の１つです。**

仕組み化とは、**狭義の定義では、「マニュアル化、チェックリスト化、カレンダー化する」こと**です。この技術を使って、「営業は苦手だけど、トップ営業を避けては通れない」のであれば、社員と一緒に営業回りをする日をイヤイヤながら仕方なく、カレンダー化することを強くオススメします。そして、そのカレンダーはもちろんデジタルのカレンダーにして、**社員全員が見られるようにスケジュール化して、退路を断**

つことです（苦笑）。最初は、イヤイヤながら仕方なくしていた数字による会議、営業も、**続ければ、「工夫・改善」できる部分がたくさん見えてきて、仕事が楽しくなってきますから♪**

時代のトレンドにキャッチアップする

私が社長を退任する頃に、「グーグル社が緊急事態宣言を出した」というニュースを目にしました。ChatGPTをはじめとする生成ＡＩの台頭に、グーグル社が危機感を強く持ったようです。そんな「トレンド」を察知して、私も社内で「ChatGPT研究に力を入れるように」と号令を出しました。その後、私は「ゴミ拾い仙人」としての活動が忙しく、ChatGPTは、子どもの夏休みの宿題の読書感想文づくりに活用したくらいですが、もし私が現役の経営者だったら、**生成ＡＩのようなトレンドをキャッチアップして、自身の仕事、事業部の業務で莫大な実験を行います。**そして、うまくいったら、そのプロンプトを**マニュアル化して、横展開してさらに成果を上げます♪**

このように、経営には時代時代のトレンドがあります。今まで、プリマベーラも長い歴史の中で、古くは「中小企業による新卒採用ブーム」から、「データドリブン経営」「従業員の心理測定ツールのエマジェネティックス」「ビジネスチャットの活用」「EVERNOTE」「タスク管理システム」「SNS」「クラウド勤怠システムの活用」など、たくさんのトレンドに乗ってきました。もちろん最初は、ウミのものとも、ヤマのものともわかりません。だから、まずはどっぷり浸かってみる。それから判断したらいい。そして、自社なりのちょうどいい加減に落ち着けていきます。

トレンドに乗ることは、正直「面倒なコト」です。私たちが常々言っているのは、**「成果が出たことをマネする」**です。でも、社長が、全社で実験してみて「成果が出そうだ」という確信を持ったら、ゴーサインです。**「面倒なコト」をしない社風になると、チャレンジしない社風になり、従業員さんのスキルアップもできません。**いつまでも古い仕事のやり方を踏襲し、アナログなペーパーばかりが増えて、「ヤギを飼っているのですか?」と皮肉も言いたくなるような会社になりがちです。

ただ、トレンドにキャッチアップしたとしても、**重点をどのくらい傾けるかは、社**

長の重要な意思決定であり、腕の見せどころです。「プリマベーラは、なぜ新卒採用にフルコミットしないのか?」と、周りの社長やプリマベーラの社内から、疑問を持たれたことがあります。中小企業が新卒採用をしても、ネームバリューで大手にはかないません。それを埋めるのが、社長自らが合同企業説明会や会社説明会に出て、熱く話すことです。「新卒採用は社長自ら登壇して話すべき」というコンサルの教えに則り、私もトップ自ら、学生の前で話をして、惹きつけをしてきました。

が、ある時、気づきます。「プリマベーラの新卒採用人数は、1年で平均2名。しかも会社全体の25%足らずの売上構成比のリユース事業の新卒採用。会社全体で300人いる従業員のうち、2名。実に会社全体の0・7%の人を採用するために、合同説明会3回、会社説明会5回、最終面談5回、合計13日を費やすべきなのか?」と。これが、1年に10名、20名の新卒社員を採用する会社なら別です。プリマベーラでは、アルバイトからの正社員登用が8割です。新卒採用のウェートは低いのです。このことに気づいてからは、路線変更をして社長が出るのは最終面談のみ。採用に費やしていた膨大な時間を、得意の仕組みづくりや人財教育に費やしたことで、大きな成果を得られるようになりました。**経営で最も成果が出る考え方は、重点主義です。貴重な経営資源の社長の時間をどこに使うか。それを、改めて、俯瞰して、重点を決めると、さらに時間の使い方が最適化されるかもしれません。**

ちなみに、**社長の時間の優先順位チェックリスト**なるものがあります。私が使っていたマトリックスです。この**チェックリストを使って、3ヶ月に一度くらい、自分の仕事を俯瞰して棚卸しするわけです。**「この仕事は力を入れる、この仕事はやめる、この仕事は事業部長に委任する」のように決めていくわけです。今までたくさんの社長から、「吉川さん、それ欲しい!!」と言われて公開してきました。そのチェックリストがどんなものかは、ぜひプリマベーラのコンサルタントに聞いてみてくださいね♪

「面倒なコト」をすることで会社を差別化する

社長の仕事は、言うまでもなく方針を決定することです。これが一丁目一番地です。

多くの場合、**意思決定は緊急で重要なこと**ですから、意思決定業は遂行されます。では、本書のテーマである**「人財教育」はどうか？　これは緊急じゃないけど重要なことです。はっきり言います。緊急じゃないけど重要なことというのは面倒なコト**です（苦笑）。私が2022年に社長を降りて、経営の現場から離れる直前に、イヤなムードを感じました。「面倒なコトはやらない」、緊急で重要なコトしかしない、というムードを。バトンタッチした新井英雄《あらいひでお》社長は、正直です。「楽をして生きたい」というのが彼の最終目標です（苦笑）。つまり、彼の素のまま、本能のまま経営をすると、面倒なコトには首をつっこまなくなります。

「生成AI？　どうせ流行ものだし、手をつけなくてよくない？」。こんな感じで、やらない理由を上手につくって、やらないようになりかねません。そこで、ある時、会議で言いました。「最近の風潮を見ていると、経営幹部の皆さんの全員が面倒なコトをやめたがっていませんか？　このままいくと、プリマベーラは、先細りになる可能性が高い。環境整備点検もそう、カスタマーサービスチェックもそう。そもそも仕組み化もそう。すべて、面倒なコトです。今の皆さんを見ていると、緊急で重要なことしかしないで楽をしよう、楽をしようとしているように見える」。このように苦言を呈したわけです。さて、苦言を呈しただけなら、一過性になる可能性があります。**私が経営の現場を離れれば素戻りする可能性がある。そこで、私たちの会社の辞書であるベクトル用語集に新語として、言葉を定義しました。**

【面倒なコト】

緊急じゃないけど重要なことは、多くのことが、面倒なことです。目先の利益や目先の業務改善以外の面倒なことをしなければ、会社は長期的に差別化できなくなる。

ベクトル用語集に入れるということは、言葉のマニュアル化をしているということです。こうやって、**新社長たちが「面倒なコト」をやらざるを得ない仕組みにして、**私は経営者を卒業していったわけです（笑）。そして、さらに面白いことに、注意された新井英雄社長が、ベクトル勉強会で、店長たちを前に、この新語の「面倒なコト」を解説するわけです。「吉川さんから、社長を退任する前にこの言葉を言われて、ドキッとした。でも、その通りで、環境整備もマニュアルづくりも経営計画書づくりも

面倒くさいでしょ？　でも、この**『緊急じゃないけど重要なこと』をし続けてきたからこそ、プリマベーラの今がある。**だから、今後も面倒な仕組み化経営を続けていきますから」。

こうやって、自分自身の苦い原体験を生々しく伝えて、社員の前で啖呵を切るわけです。言った手前、「楽して生きる」は封印して、「面倒なコトである仕組み化経営」をやらざるを得ない仕組みになるわけです（笑）。**教えることで、教えたことを最も実行しなくてはならないのは、教えた人、本人だからです（笑）。**

社長の理想の時間割

私は、経営の師匠である、株式会社武蔵野の小山昇社長のカバン持ちを合計18日間体験しました。朝から晩まで小山昇社長の仕事ぶりを彼のそばで目のあたりにすることができました。彼から学んだことはたくさんありますが、その1つが時間の使い方です。私も現役経営者時代は、「一瞬を大切にする男日本一」と宣言して、何かに追われるように、時間の使い方はこだわりにこだわりました。そこで、小山社長の仕事のやり方を参考にして、私なりにあみだしたのが「理想の時間割」というフレームワークです。私は、平日は平均16時間働くブラック経営者でした（苦笑）。当時の私は、大きく5つのパートに分けて、仕事をしていました。

【1】始業《しぎょう》 6時〜7時半

目覚めとともに、パソコンを開き、**パソコンのブックマークの朝フォルダ**（前著『ヤバい仕組み化』をご覧ください。目からウロコの仕事術の1つです）を片っ端から開いて、**情報収集**をします。従業員さんの日報やニュースサイト、日経新聞、などから**必要な経営情報をくりぬき、EVERNOTEに収集します**。

【2】前業《ぜんぎょう》 7時半〜9時

収集した情報のうち、その日に意思決定できることはチャットワークを利用して、事業部長やマニュアル作成担当者にかたっぱしから指示を出します。「利根書店大泉朝日店の若旅さんの日報をもとに、フランス書院文庫の売価設定を50円ずつ上げてください」。こうしてマニュアル改定の指示を出します。その場で意思決定できないことは、EVERNOTEの会議フォルダに入れて会議議題として、会議の当日まで寝かせます。これを、社員が出社する朝9時前に終わらせます（笑）。**最もエネルギーが高く、頭が冴えている、午前中のはやい段階で、社長としての一番重要な「意思決定」の仕事をあらかた終えてしまう**わけです。

【3】本業《ほんぎょう》　9時〜17時

従業員さんが出社してくる時間帯で、会議をしたり、当日のベクトル勉強会の資料をつくったり、現場の店舗回りをしたり、気になるライバル店、繁盛店を見に行ったりします。

【4】残業《ざんぎょう》　17時〜21時

現場の店舗に行って、現場の従業員さんを集めて、本業の時間に準備していた、べクトル勉強会を開催します。正社員だけでなくアルバイトさんも集めてライブ開催をします。アルバイトさんも貴重な戦力ですから。そして**勉強会の内容を、録画もしくは録音をして、動画化、音声化をして、ベクトル勉強会のライブラリー化をします。**

勉強会が終わったら、その店舗の従業員さんを集めて懇親会です。「社長とのコミュニケーション会」「社長とのさし飲み」と称して、従業員さんの頑張りに耳を傾けて労い、アドバイスをします。**飲み会は、同時に、キラリと光る人財を発見する場**でもあるので、飲み会をしながら**長所発見に努めます**。多い日は飲み会をダブルヘッダー、トリプルヘッダーすることもあります。18時から1時間半は利根書店上里店のメンバーと。19時半からは、ニコカウ・サンコメタダ上里店のメンバーと飲み会のように。

【5】終業《しゅうぎょう》 21時〜22時

お酒を軽く飲んでいるので、代行車で帰りながら、後ろの席に座りパソコンを開き、飲み会の様子を各事業部長、担当スーパーバイザーに**報告**します。「山田さんが、アルバイトから正社員を目指すと宣言しました。早速、面談をして彼の課題をつくってあげて」とか、「松宮さんが、同人誌の売り上げが上がらなくて苦労しているからアドバイスしました。高崎店の成功事例を横展開してあげて」と**「指示」という意思「決定」を送ります**。そして、家に帰る直前のこの時間を使って、その日の日報を記入します。家に帰って風呂に4分30秒だけ浸かって、ベッドに入ったら、泥のように眠ります（苦笑）。

こんなスケジュールで働くと、月間400時間働けます♪

さて、ここでお気づきになったでしょうか？　私たちの経営の方程式の要素がちりばめられていることに。

始業時間では、**情報収集をして、「報告」を吸い上げます**。前業の時間で、**意思「決定」**をします。本業の時間で、現場を回って**「チェック」業務**、自店やライバル店、繁盛店を回って、**自らの足で「報告」を取りに行きます**。残業時間で、**「ベクトル」合わせ**の勉強会、**「スキル」アップ**の勉強会を開催します。社長自らが現場に赴いて教えることで、従業員さんの勉強会の**「モチベーション」**も高まります。また、飲み会の開催で**コミュニケーションを取ることで、「モチベーション」を高めます。**そして、終業時間で部長やスーパーバイザーたちに、**「報告」**しながら指示を送って、**意思「決定」**をしています。

社長の仕事は、決定とチェック。そして、**決定のために膨大な情報のシャワーを浴びる。**それどころか、**自ら足を動かしてナマの情報を取りに行く。決定とチェックという二大社長業務を完遂した残りの時間は、緊急ではないけど重要な人財教育、モチベーションアップに惜しげもなく時間を使います。**こんなスケジュールを繰り返せば、会社はよくならざるを得ないですね♪

第2章

人財教育の方程式「スキル×モチベーション×ベクトル」

執筆：松田幸之助

マネジメント方程式で決定サイクルを爆速化させる

■初公開！　もう１つの業績方程式

「プリマベーラさんが15期連続増収増益できている理由は何ですか？」

このような質問をよくいただきます。

この質問に一言で答えるなら**「業績方程式通りに経営しているから」**です。

プリマベーラでは２つの業績方程式に基づいて仕組み化経営をしています。

１つは、先ほどからお伝えしている**「業績＝戦略確率×実行確率」**という方程式です。この方程式が示すのは、成功には**「報告→決定→実施→チェック」**という決定サイクルを高速回転させる必要があることです。
どれだけ優れた戦略を持っていても、それが実行されなければ成果は上がらない、という極めてシンプルで重要な原理原則です。

そして、本書で初公開する2つ目の業績方程式が「スキル×モチベーション×ベクトル」です。

勉強好きな読者の方からすると、「あれ、どこかで同じようなことを聞いたことがあるな」、もしかしたらそう感じるかもしれません。
それもそのはず。私たちの2つ目の業績方程式は、京セラや第二電電（現ＫＤＤＩ）などを創業した稲盛和夫さんの人生の方程式をベースにしているからです。稲盛さんは「人生・仕事の結果＝考え方×熱意×能力」という方程式を説いています。

プリマベーラの創業者である吉川充秀も、この方程式に共感し、ある時こう考えました。「個人の、人生の結果が、考え方×熱意×能力で表されるならば、個人の集団である会社にも同じことが当てはまるのではないか？」と。

そこで、吉川は「考え方」をベクトル、「熱意」をモチベーション、「能力」をスキルといった具合に、組織経営に適した言葉に置き換えました。そして、ベクトル、モチベーション、スキルを高めるための取り組みを、組織の中で行ってきたのです。

最初は吉川自身、半信半疑だったそうです。個人に適用できる方程式も、会社という組織ではうまくいかないのではないか。しかし、一方で、この方程式がうまくいく予感もありました。そこで、社員に対してスキルを高めるための勉強会を実施し、モチベーションを向上させる仕組みを導入しました。また、ベクトル（考え方）を揃える取り組みも行いました。

その結果「マネジメントがうまくいく」予感は確信へと変わりました。そして、それ以降、プリマベーラでは「業績＝スキル×モチベーション×ベクトル」という業績方程式**「マネジメント方程式」**が確立され、定着したのです。

もう1つの業績方程式「マネジメント方程式」

スキル

×

モチベーション

×

ベクトル

マネジメントとは実行確率を上げること

■管理職の仕事は部下の実行確率を最大化すること

本書のメインテーマは、マネジメント方程式「業績＝スキル×モチベーション×ベクトル」です。

まず、マネジメントの定義を明確にします。一言で「マネジメント」と言っても、会社や人によってその捉え方は異なるでしょう。そこで、私たちは「ベクトル用語集」という道具を活用し、言葉の定義を揃えて、価値観を統一する仕組みを導入しています（詳しくは276ページをご参照ください）。

このベクトル用語集には、マネジメントの定義が4つ書かれていますが、私たちが最も重視しているのは、

「マネジメントとは実行確率を上げること」

です。

そもそもなぜ、会社組織には、管理職やリーダーが存在するのでしょうか？　それは、現場での実行確率を高めるためです。

理想は、管理職が不在でも高い実行確率を維持できる組織です。しかし、決定サイクルでも述べたように、人は「チェック」されないと実行することが難しい生き物です。だからこそ、管理職は適切に「チェック」を行い、さらにマネジメント方程式の各要素（スキル、モチベーション、ベクトル）を高めるための取り組みをすることが重要です。これこそが、実行確率を最大化するマネジメントであり、管理職の本来の仕事だと私たちは考えています。

日報の実行確率の可視化

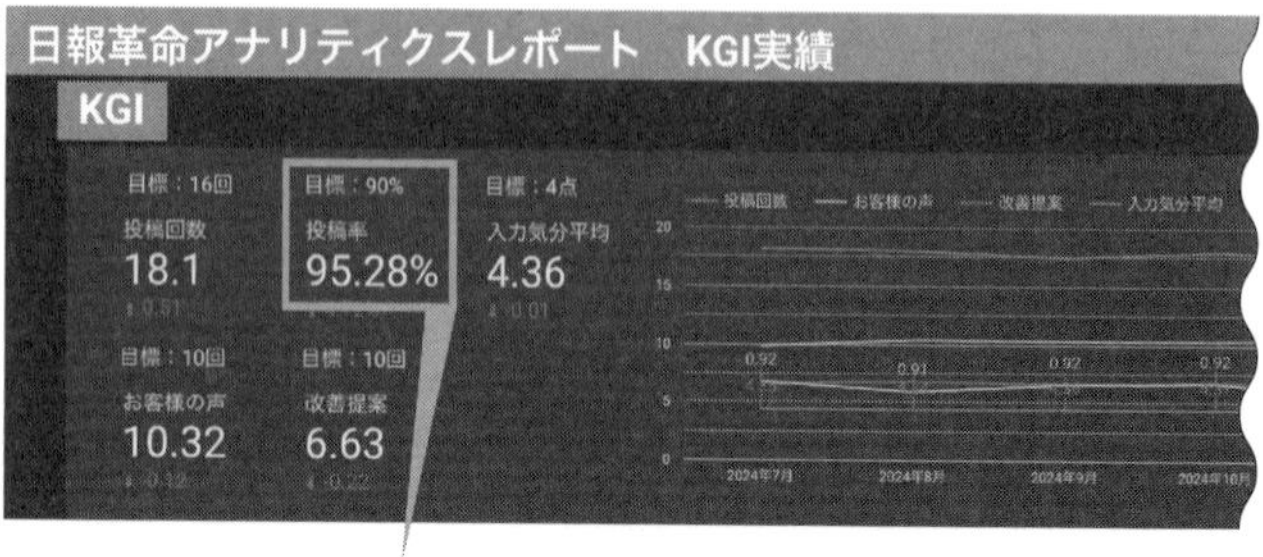

全社合計の日報記入の実行確率

そのため、プリマベーラでは部下の「実行確率」が低いリーダーの評価が下がる仕組みを導入しています。リーダーが存在していながら、部下の実行確率が低い場合、それはリーダーとしての役割を果たせていないことを意味するからです。

また、部下の実行確率は**「数字で可視化」**されているため、嘘や言い訳は通用しません。これにより、リーダーの「マネジメント能力」が数値化され、可視化される仕組みが整っているのです。

チャットワークの実行確率の可視化

2025/02

	合計		タスク完了数・実行確率内訳				期限切れタスク内訳		
	完了タスク数	実行確率	優先度高		優先度中		合計	優先度高	優先度中
輿石脩	17	100%	5	100%	0	%	0	0	0
渡辺貴史	9	100%	2	100%	0	%	0	0	0
本間涼介	15	100%	2	100%	3	%	0	0	0
小暮克也	12	100%	3	100%	2	%	0	0	0
関口美穂	3	100%	0	0%	1	%	0	0	0

2025/01

	合計		タスク完了数・実行確率内訳				期限切れタスク内訳		
	完了タスク数	実行確率	優先度高		優先度中		合計	優先度高	優先度中
輿石脩	26	100%	3	100%	3	%	0	0	0
渡辺貴史	15	93%	3	100%	2	%	1	0	1
本間涼介	23	87%	3	100%	1	%	3	0	0
小暮克也	17	100%	3	100%	2	%	0	0	0
関口美穂	9	100%	0	0%	2	%	0	0	0

朝礼の実行確率の可視化

点数表

10月～実施してたら1　実施してなかったら0　メディアは昼夜どちらかできてなかったら0

25期	00	01	02	03	04	05	06	07	08	09	10	11	12	13	14
7月	1	1	1	1	1	1	1	1	1	1	1	1	1	1	1
8月	1	1	1	1	1	1	1	1	1	1	1	1	1	1	1
9月	1	1	1	1	1	1	1	0	0	1	1	1	1	1	1
10月	1	1	1	1	1	1	1	1	0	1	1	1	0	0	1
11月	1	1	1	1	1	1	1	1	1	1	1	1	0	0	1
12月	1	1	1	1	1	1	1	0	1	1	0	1	1	0	1
1月	1	1	0	1	1	1	1	1	1	1	1	1	1	1	1
2月	0	1	1	1	1	1	1	1	1	1	1	1	1	1	1
3月															
4月															
5月															
6月															
平均点	0.87	1	0.87	1	1	1	1	0.75	0.75	1	0.85	1	0.75	0.62	1

岡山県で社会福祉法人22事業所、医療法人10事業所を展開する、ＯＨＪＩグループの胡谷俊樹《えびすだにとしき》代表は、実行確率を可視化する効果を次のように述べています。

「今まで物静かでスポットライトが当たらなかった人が、仕組み化を導入して実行確率が可視化されたことで、すさまじい期限内実行率であることが判明しました。それを賞賛、承認することで、楽しそうに仕事をするようになりました。周りからも認められ、以前はネガティブな発言も見られたりしていましたが、『どうすればできるのか』と前向きに取り組むようになり、法人内にいい影響力を及ぼす職員に育っています」（胡谷俊樹代表）

頑張っている人に感化されて、同じ方向を向く職員が増え、他の職員も自然とつられてグループ内に「頑張る風土」ができつつあるそうです。

「スキル」「モチベーション」「ベクトル」にアプローチする

■3つの要素を高め実行確率を上げる

本書の結論をお伝えしましょう。

本書で最もお伝えしたいのは「スキル・モチベーション・ベクトル（価値観）」にアプローチして人財教育を行うと、確実に成果が上がるということです。

例えば、日報を書こうとしても、どのように書けばいいかわからない人には、日報の書き方という「スキル」をレクチャーする。

モチベーションが低く日報を書かない人には、日報を通じて社内通貨を発行する仕組みをつくり「モチベーション」を高める。

日報を書く意味がわからず、活用できていない従業員には「なぜ日報が重要なのか?」といった「ベクトル」合わせの勉強会を行う。

このように、スキル・モチベーション・ベクトルという3つの要素を高めることで「実行確率」が上がります。

人が行動できない理由は、この3つです。

①やりたいけどできない（スキル不足）
②やる気が起きない（モチベーション不足）
③やる意味がわからない（ベクトル共有不足）

つまり、リーダーがこれら3つの要素を適切に支援することで、「実行確率」を最大化することができるのです。

つまり、

「業績＝戦略確率×実行確率」

という方程式に基づけば、マネジメント方程式をベースに人財教育を行うことで「実行確率」を大幅に向上させ、結果的に確実に成果が上がります。

■仕組み化で人財教育をバランスよく、戦略的に

このように、人財教育を通じて成果を出すためのアプローチは非常にシンプルですが、多くの企業では「どれか1つに偏りすぎて」しまい、思うような成果が出ていないケースが見られます。

スキル教育に特化すると、確かに「技術的なスキル」は身につきます。しかし、モチベーションが低かったり、やる意味を理解していなかったりすると、せっかく習得

したスキルも最大限に活かされることはありません。

一方で、コミュニケーションやさまざまな仕組みを活用し、従業員の「モチベーション」をとことん高めたとしても、肝心のスキルが身についていなければ、意欲があっても成果にはつながりにくくなります。

ベクトル合わせも同様です。どんなに社長の想いを伝え、会社の方向性を共有したとしても、スキルが不足し、モチベーションが低いままでは、結果として社長一人の自己満足になりかねません。

「スキル・モチベーション・ベクトル」というマネジメント方程式の3つの要素を「バランスよく、戦略的に」人財教育へ組み込むことが重要なのです。

そして、そのために不可欠なのが「仕組み化」です。

仕組みを使って「人材」を「人財」に育てる

■3つの「じんざい」

本書では「人材」を「人財」と表現しています。

これは、私たちが「人」を経営資源の中で最も価値のある「財産」と考えているからです。私たちは「じんざい」を**「人罪」「人材」「人財」**の3つに分類し、社内勉強会で共有しています。

「人罪」とは、「いると困る人」のことを指します。このような人を採用してしまうと、会社にとって大きな負担となり、教育でカバーするのが非常に難しくなります。お客様のことよりも、会社のことよりも、何より**「自分都合」**で動く人。自分の利益や都合だけを優先し、組織の成長やチームワークを考えない人が「人罪」です。

私たちは「人罪」を採用しないように細心の注意を払うとともに、**「自分自身が人罪にならないように気をつけること」**も従業員に伝えています。過去には「人罪」社員が入社し、組織の雰囲気が悪化してしまった経験もありました。その苦い経験から、採用基準の見直しや教育の仕組みづくりに力を入れてきました。

「人材」とは、今後の成長次第で「人罪」になる可能性もあれば、**「人財」になる可能性もある人**です。つまり「教育」で育てることができる層を指します。

私たちのように群馬県の片田舎にある中小企業には、最初から「人財」と呼べるような非常に優秀な人が入社してくることはほとんどありません。そのため、重要なのは**「人材をどうやって人財に育てるか」**という教育の仕組みです。私たちが教育を通じて目指す「じんざい」は、「人は財産である」という考え方に基づいた**「人財」**です。

そして、私たちが考える「人財」の定義は、**「本気」「素直」**といった**「人財への10ヵ条」**と呼ばれる行動規範を高いレベルで実践できる人のことを指します。

最初から「人財」として入社する人はほとんどいません。しかし「教育」を通じて少しずつ成長し「人財への10ヵ条」が実践できるようになっていくのです。

私自身も入社当時は決して「素直」な性格ではありませんでした（苦笑）。しかし、これからお伝えするさまざまな教育の仕組みを通じて、少しずつ成長し、今では「人財への10ヵ条」をそれなりに高いレベルで実践できるようになりました。

ポイントは

「人罪」を採用しないこと、
「人材」を「人財」に教育すること、

です。

「人財が育つ教育の仕組み」は、採用の悩みも大幅に軽減してくれます。「人材」が入社しても、適切な教育を通じて**「人財」**へと成長させることができるからです。

それでは、次章からマネジメント方程式とリンクする、人財教育の仕組みと運用のポイントを具体的に紹介していきましょう。

第２章のポイント

・人財教育の本質は、「スキルを教えること」だけではなく、「モチベーションを高め」「ベクトルを揃えること」にある。

・組織の成長には、スキル・モチベーション・ベクトルの３要素をバランスよく高めることが不可欠である。

・マネジメントの本質は「実行確率を上げること」であり、現場の実行確率が低い場合は、管理職の評価が下がる仕組みが必要となる。

・「人罪」「人材」「人財」の３分類を理解し、組織内で「人財」を育てる仕組みを構築することが、持続的な成長を実現する鍵となる。

コラム

執筆：吉川充秀

業績の方程式を「打ち手が自然と出るくらい」に因数分解してみる

プリマベーラには業績の方程式が2つあります。

1つ目は、会社の業績＝戦略確率×実行確率というものです。この方程式を因数分解すると、こんな式にも表されます。

会社の業績＝戦略確率×実行確率＝（報告の質と量×決定の質と量）×（実施の質と量×チェックの質と量）

私たちが提唱している「決定サイクル」の要素を方程式に入れ込むと、こう表すことができます。この方程式化は、売上公式の発想から来ています。

売上＝客数×客単価＝（入店客数×購買率）×（一点単価×購買点数）

「売上を上げよう」と言っても、どこから手を打てばいいかわかりません。だから、**売上という大きすぎる概念を、打ち手が見つかるくらいに小さく分解するわけです。**「入店客数を増やそう」なら、打ち手がたくさん見つかります。「広告を増やそう」とか「看板を目立つ色に変えよう」とか。

業績方程式も、**報告、決定、実施、チェックのそれぞれ質と量という8つの観点から考えると、自社に何が足りないかが、浮き彫りになるのではないでしょうか。**

マーケティングだけでなく、マネジメントが企業の成長を左右する

ところが、この方程式だけでは片手落ちです。なぜなら組織が大きくなると、それ以上の「仕事」が増えてきます。それは、**人財を束ねるという仕事**です。ヒトの数が増えるほど、いろんな価値観、経験の差、年齢、男女……マネジメントの難易度が増

します。同時に、マネジメントとマーケティングのバランスが問われます。売上を上げるために、社長が営業や広告宣伝、商品開発だけに力を注いでいると、大きくなった組織が、瓦解していきます。教育を含めたマネジメントがうまくできないと、組織が思った方向に動きません。離職率も上がり、何より、違う方向を向いた社員が増えて、ひどいときには内紛が起こります。**事業とは、お客様のニーズに合わせて、私たちがそのサービスを提供することです。**本来ならみんなで力を合わせて、お客様の方向を見ないといけないのに、内部で、派閥などができて反目しあうと、お客様の方向を見なくなります。

２００９年に武蔵野の実践経営塾の塾生として出会ったT社長。彼の当時の年商は9億円。プリマベーラの年商は15億円。彼は日本を代表するマーケティングのコンサルタントの下で、マーケティングを学び業績を伸ばしてきましたが、なかなか10億円の壁を越えられなくて悩み、株式会社武蔵野の門を叩いたと言います。彼曰く、「**マーケティング勉強会の仲間の会社は、10億円を超えている企業が1つもない。マーケティングがいくら上手でも、マネジメントをしっかり学ばないと会社は大きくならな**

い」と断言していました。その後、マネジメントを学び、彼の会社は、2025年時点で年商200億円に届こうとしています。プリマベーラは逆転され、大きく差をつけられました（苦笑）。**儲かるビジネスモデルと、マーケティングとマネジメントの両輪があって、企業の業績は大きく伸びる**という好例です。

「人生の結果＝考え方×熱意×能力」を、倍数にしてみる

プリマベーラでも、2006年にリユース事業部で2つの派閥ができたことがあります。そして、一斉退職という悲惨な結末になったことがあります。「マネジメントをしっかり学ばないといけない」と決心して、私は2008年に、株式会社武蔵野の門を叩きます。小山昇社長に会い、経営の原理原則をわかりやすくシンプルに教えてもらいました。「社長の仕事は決定である」「キリスト教が流行ったのは聖書があったから。それが、中小企業にとっては経営計画書である」「環境整備とは事業活動の基本である」。

当時、教えてもらったことの1つひとつの意味はわかる、そして、大切さもわかる。ところが、腑に落ちませんでした。「環境整備などをして業績があがるのか?」「環境整備など、まどろっこしいことなどしないで、経営計画書だけ学んでさっさと武蔵野を卒業しよう」。そう内心で考えていました(苦笑)。

そんなときに、武蔵野の矢島茂人常務(現・専務)の環境整備の講義を受けます。全身全霊で「この日、死んでもいい」と思って全力で講義をする矢島常務のほとばしるエネルギーを受けているうちに、ある一本の方程式がひらめきました。それが、

「会社の業績=スキル×モチベーション×ベクトル」という方程式です。この方程式を思いついたときに、体に電流が走りました。「そうか! 全部つながったぞ!!!!!!」と。当時、私は京セラの創業者の稲盛和夫さんの「人生の結果=考え方×熱意×能力」の信奉者でした。「人生の成功というものを、1本の方程式で、なんと見事に表現しているのだろう」と感嘆して、自分自身も、この方程式の1つひとつを高めようと努力している最中でした。経営者としての能力を上げるために、年間240冊の読書をして、研修オタクと言われるくらい、研修に

参加しました。自分自身の熱意を奮い立たせるように、「従業員さんを幸せにする、そして、自分は伝説の経営者になろう」と志を立てました。また、「人として正しい生き方をしよう、善いことをしよう、人格者を目指そう」と思って自分の考え方を律していました。**その当時は、確信がありました。この方程式の1つひとつを最大化したら、個人に大きな成果がもたらされると。**

そこで気づいたわけです。この方程式が、個人に成り立つ方程式であるとしたら、ヒトの集合体である法人、すなわち企業にも当てはまるのではないか、と。それが、2008年の5月のことでした。

マネジメント方程式の最大化に全力を注いだ結果、増収増益を続ける

武蔵野さんで学んでいたことは、スキルの足りない人でも誰もが業務をできるように、マニュアルをつくるということ。そして、マニュアルもどんどんよいものに書き換えてスキルアップするということ。

また、小山昇社長は、社員のモチベーションを高めるために、飲み会、さし飲み、面談、ハガキを駆使していました。

さらに、社員の考え方を合わせるために、経営計画書をつくり、早朝勉強会を開催し、環境整備をする。そうか、「**武蔵野さんがやっていたことは、この方程式の1つひとつを最大化することだったんだ！**」ということに気づいたわけです。

私はこの気づき以来、この方程式を信じ切って、1つひとつを最大化することだけに力を注いできました。スキルを磨くために、膨大なマニュアルを作成し、技術研修を取り入れます。同業他社のベンチマーキングに行き、他社の技術をたくさんマネしに行きました。社長自ら、社員に小売業の基本を教え、スキルアップ研修を繰り返し開催しました。

また、**モチベーションを高める**ために、社長との飲み会、上司と部下のコミュニケーション会、社長とのさし飲み、面談、サンクスカードはがき、日報でのコメントを愚直に繰り返しました。

さらに、**ベクトルを合わせる**ために、経営計画書作成、ベクトル用語集作成、経営計画書の方針を読み合わせる朝礼、ベクトル勉強会、経営計画発表会、政策勉強会、環境整備点検を繰り返しました。

これらを、まさに人が見て異常なまでに繰り返してきました。**人が見て異常なまでに行うことを「徹底」**と私たちは呼んでいます。文字通り、徹底してきたわけです。

その結果、環境整備のレベルが上がり、日本全国から多くの企業に見学に来ていただくレベルになりました。**価値観が揃い、楽しさのなかに規律が存在する理想の組織**になりました。また、弊社の経営計画書を、中小企業の経営者が喉から手がでるほど欲しがるレベルにまで磨き上げました。正社員の年間離職率は1％台まで下がり、業績は右肩上がりで2025年現在、増収増益を15期連続で続けています。

講演中に社長が最も写真撮影するスライドとは？

この方程式に気づき、愚直に方程式の最大化に取り組み、結果が出るようになると、講演活動でも、この方程式を自信を持って伝えるようになります。「会社のマネジメントの方程式は、スキル×モチベーション×ベクトルで、1つひとつを最大化するには、ベクトルであれば経営計画書や環境整備……」と話をはじめると、受講する皆さんの手がスマホに伸び、スライドに映した画面を一斉に撮影をはじめます（次ページ）。マーケティングは、やれば成果にすぐに結びつきます。ところが、**マネジメントは、短期的な成果が見えにくい世界です。「一体、このマネジメントの取り組みは、成果につながるのだろうか？」、そう思いながら、暗中模索で、手探り状態でマネジメントを恐る恐るしている社長がほとんどではないでしょうか。**

おおげさに言えば、**マネジメントというブラックボックスに光を当てて、社長が自信を持って、自社の取り組みを推進できる論拠が、このマネジメント方程式ではないかと私は思っています。**組織が少しずつ大きくなったら、組織全体のベクトルを合わせ、モチベーションを高め、スキルを磨くことを念頭に入れながら、この方程式を最大化する取り組みを続けるわけです。では、なぜこの3つが大切かということを図示して説明してみたいと思います。

社長が一斉に撮影を始めるスライド

会社の業績＝スキル×モチベーション×ベクトル

●スキルを磨く

マニュアル作成、スキルアップ勉強会、プリマベーラビジネスアカデミー、他社のベンチマーキング・・・

●モチベーションを高める

社長との飲み会、従業員同志のコミュニケーション会、さし飲み、面談、ハガキ、表彰制度・・・

●ベクトルを合わせる

経営計画書、経営計画発表会、政策勉強会、経営計画書の読み合わせ朝礼、ベクトル用語集、ベクトル勉強会、環境整備・・・

社員一人ひとりの力をスキル、モチベーション、ベクトルを使えば図示できる！

スキル、モチベーション、ベクトルは実は図示できます。「あの社員は力がある、実力がある」なんて言いますが、その力をこの3つの要素で表現するならば、**「力＝スキル×モチベーション」**と表現できます。ずばり、力とは矢印の長さです。**知識・技術というスキルが高いほど、矢印が長くなります。同様にモチベーションが高いほど、矢印は長くなります。**ところが、モチベーションというものは気分です。伸び縮みします。スキルは一度身につければ減ることはありませんが、モチベーションは可変です。**モチベーションを高位安定させるためには、手間がかかります**（苦笑）。**スキルを磨いてスキルアップし、モチベーションを高めるための施策をすることで、力はより大きくなります。**

ベクトルとは、矢印の向きです。社長の方針が会社の矢印の向きだとします。社長は多くの場合、こう考えます。お客様を喜ばせて、成果を上げて、社員を幸福にすると。全従業員が、会社の方針に沿っていれば、会社の業績は上がります。一致団結し

スキル、モチベーション、ベクトルの関係

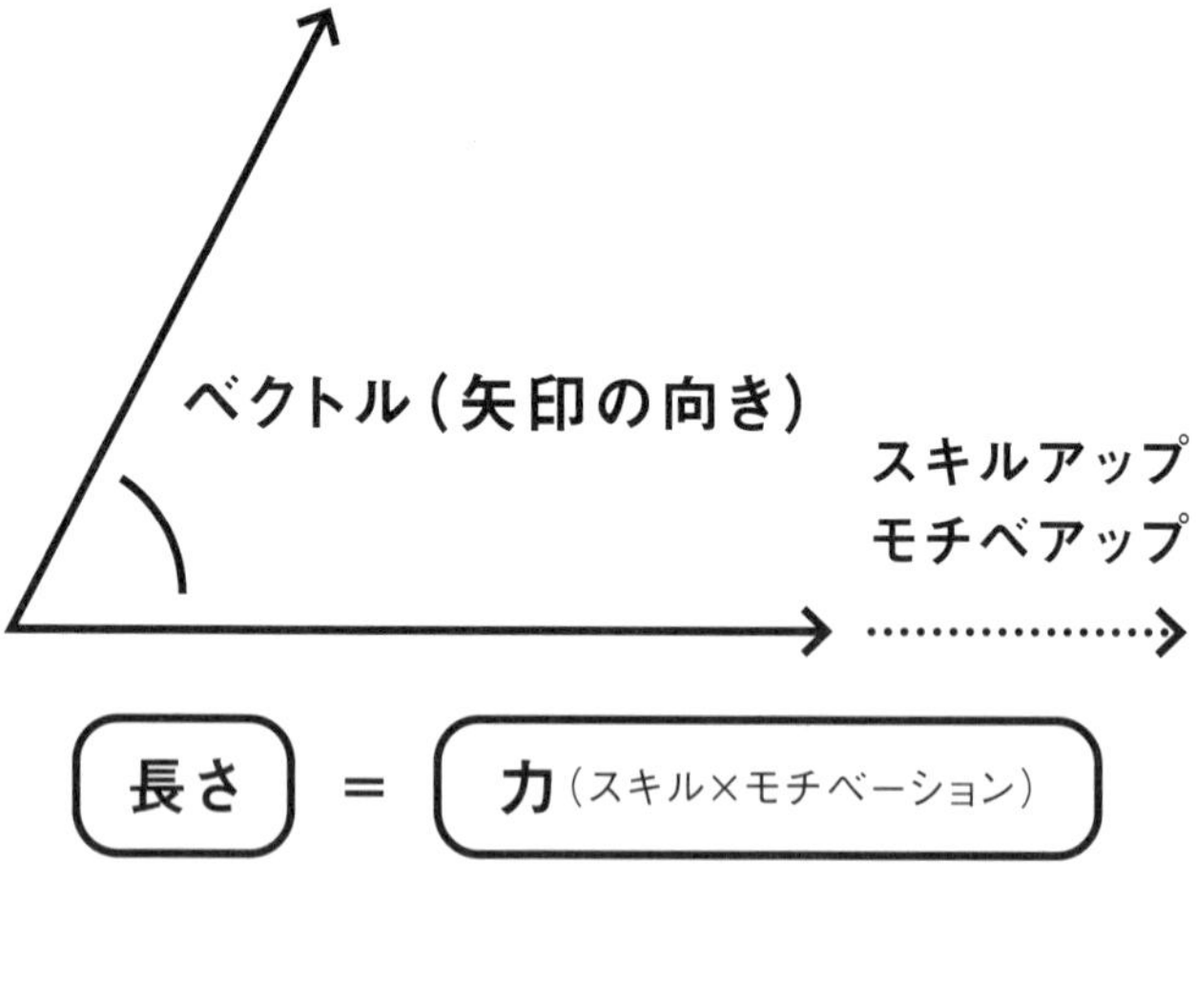

て、自分たちの幸せのために、お客様に喜ばれる仕事をする理想的な集団になります。ところが、多くの場合、こうはなりません（苦笑）。社長の思いとずれます。

「環境整備なんてやって、何の意味があるんだ？　環境整備の研修なんかやるのなら、オレたちの賞与をもっと増やしてほしい」

「経営計画書を使って、自分たちを社畜にするつもりじゃないか？　経営計画書の方針通りにしたら、自分たちがいいように使われてしまう。方針なんかやってたまるか！」

中にはこういう社員さんが出てきます（苦笑）。つまりは、社長のベクトルと合わない人たちです。この人たちが、**「力」がなければ、そんなに害はありませんが、スキルも高く、モチベーションも高いと、他の従業員さんを巻き込み、反対勢力をつくります。**すると、社長が思っていた方向とは違う、あさっての方向に、会社が意図せず向かってしまうのです……。**お客様が喜ぶために本来、全精力を注ぐべきなのに、社内の統制に莫大な時間と労力を取られてしまうわけです……。**

ベクトルは「矢印の向き」

■ベクトルが合わずに業績不振の会社

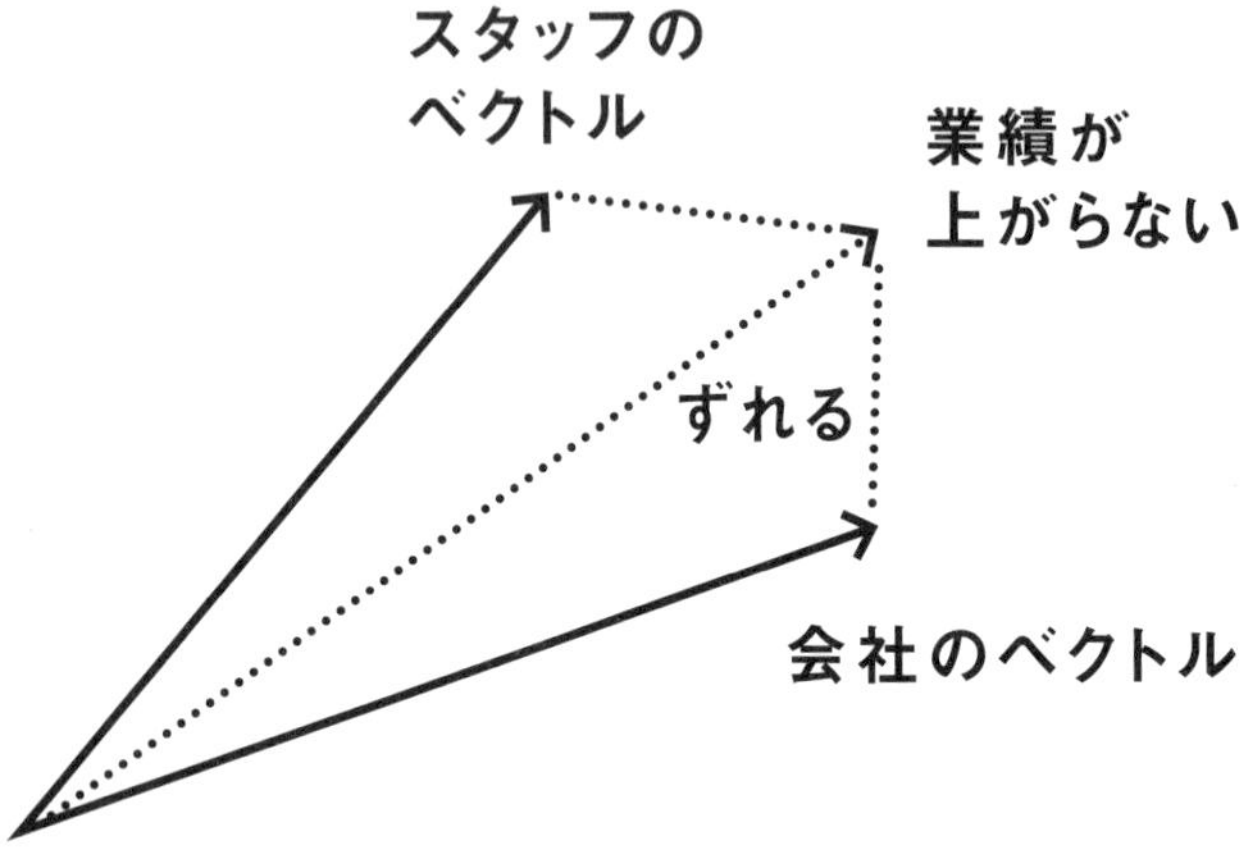

■ベクトルが合って業績好調な会社

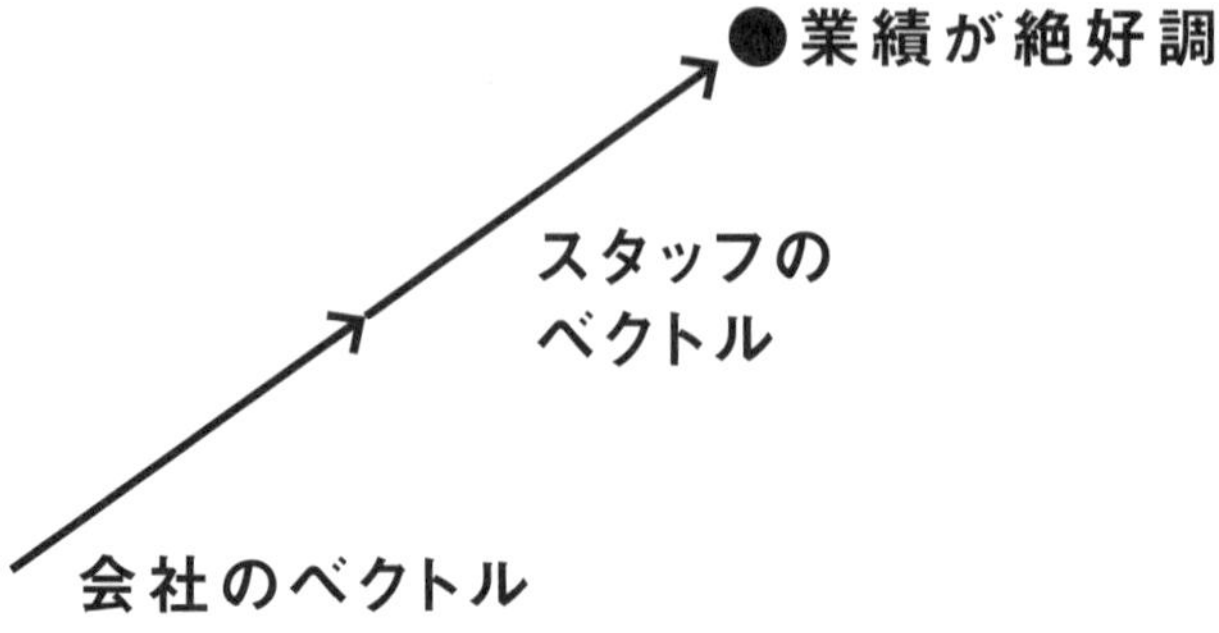

マネジメント方程式の最悪のパターンとは？

特に、社長の方針に反対する人が、ナンバーツーだと最悪です。ナンバーツーは、社長並みに実力があるため、反対のベクトルが強くなり、社内は大混乱になります。

また、先代の社長の時代から長く勤めている、陰のナンバーツーのお局さんが、新社長の方針を聞かずに社内を大混乱させていて困っている、という相談は、中小企業あるある悩みの三本の指に入るくらいの日常茶飯事です（苦笑）。

先日、団体ツアーでヨーロッパのアイスランドを旅していたら、同じツアー客の、オーロラを撮影しに来た男性の獣医さんが、「うちの組織は小さいんですけど、お局さんが言うことを聞かなくて本当に困っている……」と相談を持ちかけてきました。**人が複数人働くと、必ず、「ベクトルが合わない」問題が出てきます。**

稲盛和夫氏が提唱した「人生の結果＝考え方×熱意×能力」の方程式には、大切な点があります。熱意も能力も０から１００までだが、考え方だけは、マイナス１００

からプラス100まである。**考え方次第で、最悪の結果になるということです。**

私のマネジメント方程式に当てはめると、こうなります。「**スキルやモチベーションは低くても、訓練と工夫次第で何とかなる。問題はベクトル合わせ！**　ベクトルが社長の方針と逆向きだと、マイナスになる。方針を実行してくれなくて、業績が下がったり、社内を大混乱に陥れて人を辞めさせたり、あげくの果てには、大勢を引き連れて退職したりする。スキル不足、モチベーション不足は業績不振の要因にはなりますが、**ベクトルが合わない場合は、業績不振はおろか、企業の存続すら危うくする。だからこそ、ベクトル合わせは、1日でも早いうちにスタートするほうがいい**」ということです。

プリマベーラがベクトル合わせを「徹底」している理由が、おわかりいただけたでしょうか。

第3章

マニュアル化、チェックリスト化でスキルを磨く

執筆：松田幸之助

スキルを磨くための守破離のステップ

■まずは「マニュアル」「チェックリスト」を「守る」ことから

この章では、マネジメント方程式**「業績＝スキル×モチベーション×ベクトル」**の「スキル」について掘り下げてお伝えしていきます。

従業員一人ひとりの**「スキル（技術）」を高めることが、成果を最大化する重要な要素の1つです。**では、スキルを高めるためにはどのように考え、どのように取り組むべきでしょうか。

スキル教育のポイントの1つに**「守破離」**という考え方があります。この「守破離」

という考え方も、私たちの「ベクトル用語集」で定義されています。

【守破離】
物事の上達の原理原則です。守る。まずは言われた通り、マニュアル通りやってみる。次に破る。もっといい方法があれば提案してください。そして離れる。自分に合ったやり方でやる。割合は、シュシュシュシュシュシュシュシュシュシュシュシュ・ハ・リ。

つまり、まずは「マニュアル」や「チェックリスト」などをしっかりと「守る」ことからスキル教育を始めます。

なぜ最初にマニュアルやチェックリストでスキル教育を行うのでしょうか？　もしかしたら疑問に思う読者の方もいらっしゃるかもしれません。

そもそも、マニュアルやチェックリストとはどのようなものでしょうか。**私たちプリマベーラのマニュアルやチェックリストは「成果が出た方法」を体系的にまとめたものです。例えば、営業マニュアルであれば、「このように営業を進めると一定の成果が出る」といった、過去にうまくいったやり方が集約されています。**

そのため、まずは実際の業務で成果が出ることがまとめられた「マニュアル」や「チェックリスト」を使ってスキル教育を行うことが、最も成果に近づく教育手法であると私たちは考えています。

マニュアルやチェックリストは既存の従業員さんのためにあるだけでなく、新しく入社してくれた従業員さんを**「即戦力化」**するための教育の仕組みにもなるのです。

オリエンテーションの仕組みで会社のルールを学ぶ

■恥ずかしい失敗から生まれ、ブラッシュアップされた仕組み

スキル教育はマニュアルやチェックリストをもとに行うとお伝えしましたが、プリマベーラで最初に行う教育は**「経営計画書を活用したオリエンテーション・e-ラーニング」**です。このe-ラーニングでは、会長の吉川が各方針を1本5分程度で解説している動画が70本準備されています。

経営計画書とは、社長や会社として「やってはいけないこと」や「やってほしいこと」が明記されており、会社全体の大きな「マニュアル」とも言えるものです。

この最も大切で重要な「経営計画書というマニュアル」を、従業員全員にしっかりと理解してもらうため、プリマベーラでは、アルバイト・新入社員・中途社員を問わず、入社した全員が必ず受講するオリエンテーションを導入しています。

では、なぜプリマベーラではオリエンテーションをｅ-ラーニング形式にしているのでしょうか？　本来であれば、オリエンテーション対象者を本社に集めて開催するのが理想的です。しかし、群馬県にある本社に、長野県や茨城県などから入社した人が来るのは、時間もお金もかかり大変です。また、社長が毎回オリエンテーションで同じ内容を話すのは、他の優先事項を考えると最善とは言えません。

ｅ-ラーニングを導入する前は、店舗ごとに店長がオリエンテーションを担当していました。これにより社長の負担が軽減され、店長にとっても経営計画書を伝える良い練習になると考えていました。しかし、この方法は大きな失敗でした。

新しく入社したアルバイトさんたちからは、**「毎月の食事会に参加しないといけないなんて聞いていない」（プリマベーラでは、コミュニケーションを円滑にするため、月**

に一度の「コミュ会」という食事会の参加を推奨しています）や、「なぜ環境整備をしなければならないのか？」という不平不満が、日報でたくさん上がってきました。

原因を調査してみると、その理由の1つはすぐに判明しました。

そもそも店長がオリエンテーションを開催していなかったのです（苦笑）。普段から「実行確率が大切」と言いながら、非常に恥ずかしい限りです。では、なぜ店長はオリエンテーションを開催していなかったのでしょうか？

それは、本部が「チェック」をしていなかったからです。決定サイクルの項目でもお伝えしたように、実行してほしいことは必ずチェックしなければなりません。チェックしないと、やがて形骸化し「やらなくてもいいだろう」という意識が広がってしまいます。

この反省を踏まえ、現在のe-ラーニングでは「e-ラーニングを視聴したかどうかを確認するチェックの仕組み」まで設けています。失敗から学び、仕組みがブラッシュアップされるのです。

■人に依存せず誰が行っても同じ結果が出る仕組みをつくる

オリエンテーションを開催していないから「聞いていない」という不満が上がるのは理解できますが、しっかりオリエンテーションをルール通りに開催している店舗からも同様の不満の声が上がっていました。経営計画書通りにオリエンテーションを行っているなら「差は生まれないはず」と思っていましたが、実はこれも問題の原因だったのです。

理由はとてもシンプルで、**「店長ごとに解説の仕方が異なっていた」**からです。ある店長は一から十まで丁寧に解説する一方で、他の店長は「こんな感じだよ」とふわっと説明するだけのケースもありました。さらには「経営計画書にはこう書いてあるけど、理由はよくわからない」と言い出す店長もいて、**経営計画書というツールを活用する難しさを痛感しました。**

オリエンテーションで使うｅ－ラーニング

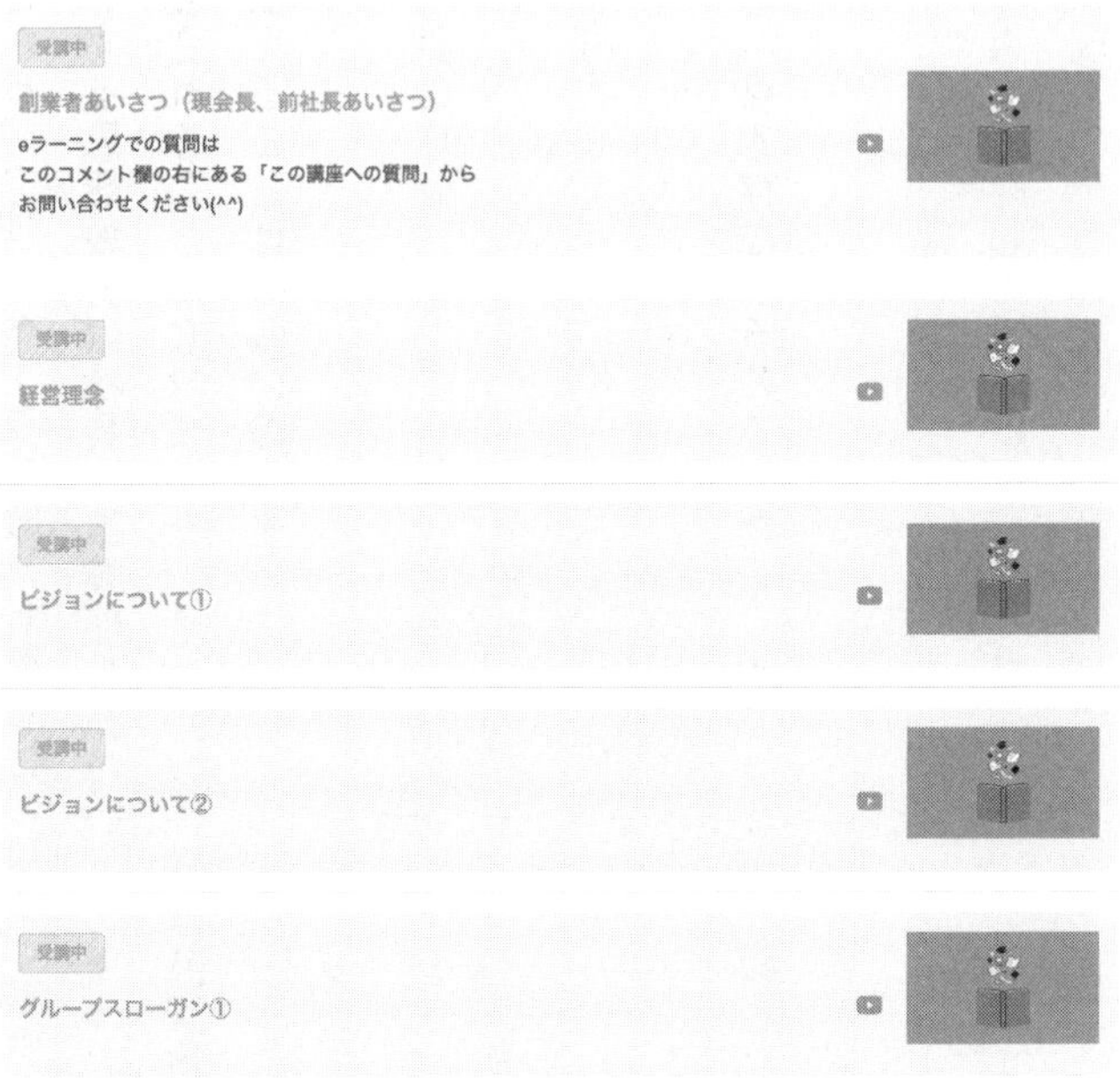

人任せにすると実行しない、
教える内容に差が出る
↓
これを防ぐ仕組み

この反省から、プリマベーラの経営計画書における「教育に関する方針」には、「価値観を共有する思想教育は社長・事業部長が行い、スキルの教育は幹部や担当者が行う」と明記されることになりました。それだけ、経営計画書の「方針や想い」をわかりやすく伝えることは難しいのです。

多くの社長は店長に対して「ちゃんとオリエンテーションをやれ！」と叱責するかもしれません。しかし、私たちは全従業員にEG（233ページ参照）という心理測定ツールを導入しているため、「この人はこういう特性だから仕方ない」と理解し、前向きに仕組みをブラッシュアップすることができました。**このように、プリマベーラの仕組みは「点で存在するのではなく、線でつながり面となる」ように構築されているのです。**

仕組みは人に依存してはいけません。誰が行っても同じような結果が出るようにすることが「成果の出る仕組み」の考え方です。

教育には教えるタイミングが存在する

■必要は発明の母

教育において、インプットだけでなくアウトプットが大切といわれます。これは学んだことを実践し、成果を確認するプロセスが必要というもの。しかし、アウトプットと同じくらい大切なのに、意外と見逃されていることがあります。それは**「教えるタイミング」**です。

以前、会長の吉川に**「吉川さんのように時間を有効活用できるようになるにはどうすればいいですか？」**と質問をしたことがあります。その時、吉川は**「時間が足りな**

くなると自然とできるようになるよ。必要は発明の母だ」とシンプルに答えました。当時の私は**「そんなものなのかな」**と思っていました。

しかし、今では、コンサルティングやセミナー講演会、YouTubeのコンテンツ作成や撮影、本の執筆、さらに社内の会議やミーティングなど、時間がいくらあっても足りない状況です。そうなると自然に「もっと効率的に仕事を進めるには?」というアンテナが立ち、**ChatGPTなどの生成AIを活用するようになりました。今なら、吉川が言っていた「必要は発明の母」という言葉の意味が痛いほどわかります。「必要」があるからこそ、それを解決するための方法を見つけ、発明するのだと。**

この「必要は発明の母」という考え方は、教育にも通じるものがあります。私たちのベクトル用語集には、「教えるタイミング」という用語があります。

【教えるタイミング】

人を育てる時は、教えすぎてもダメ、教えなさすぎてもダメ。本人がその気になったときに教えるのが正しい。人がアドバイスを欲しがっている時に教えること。

つまり、本人が望んでいない教育は「教育効果が薄い」ということです。

先ほどの吉川への質問は約10年前のものですが、当時の私は「吉川みたいに時間を有効活用したい」と強く思っていたので、「必要は発明の母」という言葉が今でも記憶に残っています。もし、吉川が一方的に「時間を有効活用するためには必要は発明の母だ」と教えていたら、おそらく私は覚えていなかったでしょう。このように、「教えるタイミング」が教育では非常に重要なのです。

入社後すぐにオリエンテーションe-ラーニングを行うのも、入社直後というのは新入社員が会社のことを知りたいと思うタイミングだからです。同様に、マニュアルやチェックリストをもとにした教育も、入社後すぐに実際の業務を学びたいというニーズに応えるものです。

相手が**「必要としている」**からこそ、効果的な教育ができるのです。

この「教えるタイミング」を意識することで、教育効果を最大化することができます。実際に、自ら「研修に行きたい」と言って参加する社員と、強制されて仕方なく参加する社員とでは、持ち帰ってくる学びの量がまったく異なります。現在のプリマベーラでは、「行きたい」と希望する社員には積極的に社外研修に参加してもらっていますが「行きたくない」という社員を無理に行かせることはしていません。

もちろん、**「良いことの強制」**としての教育は行います。会社のルールとして定めている勉強会や研修には参加してもらいます。そうしないと「井の中の蛙」になり、「自分はすごい」と勘違いしてしまう恐れがあるからです。

教育のすべてを強制するのではなく、「教えるタイミング」を意識して社員教育を行うのが、プリマベーラの教育の特徴です。なぜなら、「業績＝スキル×モチベーション×ベクトル」だからです。自分が「知りたい・学びたい」と思っているときは「モチベーション」が高い状態にあり、そのタイミングで学ぶことで、スキルが大きく磨かれ、教育効果が高まるのです。

チェックリスト化で実行確率を上げスキルを磨く

■「成果が出たこと」をチェックリスト化する

「教えるタイミング」の重要性は理解していただけたかと思います。しかし、すべての教育を「相手が望むタイミング」で行うのは、手間と時間がかかりすぎるという現実もあります。その対策として効果的なのが**「チェックリスト」**です。

私たちは、チェックリストを**「何をすべきかが明記されたもの」**と定義しています。

例えば、私たち経営サポート事業部では**「成果の出るチラシのつくり方チェックリスト」**が存在します。このチェックリストは、私がこれまで試行錯誤を繰り返して得た

「反応率を高める」方法をまとめたもので、具体的な22個のチェック項目が記されています。

この「全22個のチェック」をもとにチラシを作成すれば、誰でもミスなく、成果の出るチラシを作ることができるのです。

先ほどお伝えしたように、プリマベーラのマニュアルやチェックリストは「成果が出たこと」がまとめられています。

まずは、プリマベーラが過去に取り組んで成功させた「成果の出るやり方」を守ることが重要です。これが「守破離」の「守」の部分です。チラシのつくり方で言えば、私や経営サポートメンバーが過去に「失敗した」方法を、再び新入社員が経験する必要はありません。入社したばかりの社員でも、この「成果の出るチラシのつくり方チェックリスト」に従って作成するだけで、私が5年かけて試行錯誤した時間を大幅に短縮することができるのです。これほど効果的で効率的な教育方法はなかなかありません。

ＩＴ業界には「車輪の再発明」という言葉があります。無駄な作業に時間や労力を費やしている様子を、皮肉を込めて表現する言葉です。人生でも仕事でも「遠回りした方が良い失敗」もあれば、「遠回りする必要のない失敗」もあります。成果の出るチェックリストを活用することで、車輪の再発明を防ぎ、無駄な遠回りをせずに成果を出すことが可能になります。

物的環境整備で業務効率のスキルを磨く

■環境整備もチェックリストで行う

プリマベーラは、2008年から**「環境整備」**という取り組みを経営の柱に据えています。よく「環境整備」と「掃除」の違いを聞かれることがありますが、私たちはその違いを「決められたところを、決められた日に掃除することが環境整備。好きなところを掃除するのは、ただの掃除」と定義しています。

環境整備の考え方は、株式会社武蔵野の経営サポート事業部の支援を受けて導入しました。株式会社武蔵野の小山昇社長は、倒産寸前だった武蔵野を「18年連続増収」の会社に成長させた、中小企業のカリスマ経営者です。

環境整備は、ただの掃除ではない

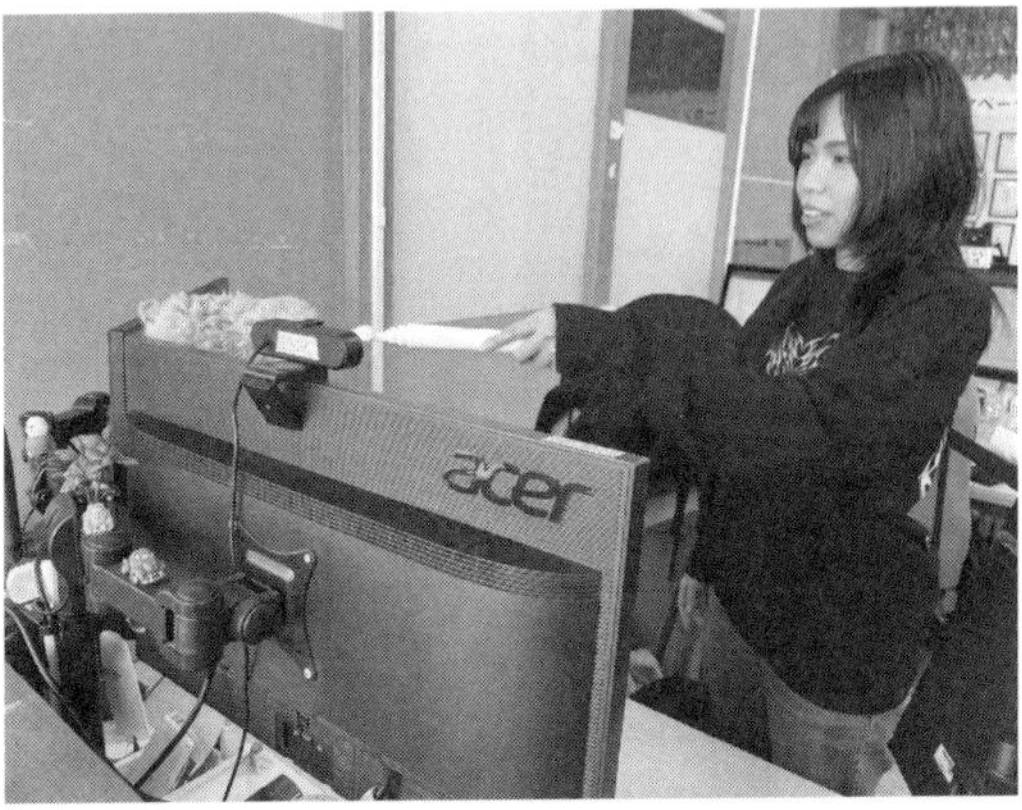

環境整備の目的の1つは**「仕事がやりやすい環境を整える」**ことです。毎朝環境整備を行うことで、その日の仕事を「効率的」に進められるようにするのです。どんなに優秀な人でも、デスクが散らかっていたり、書類が山積みになっていたりしては、能力を最大限に発揮することはできません。こうした状況を避けるためにも、環境整備は極めて有効です。

プリマベーラでは、この環境整備を、パート・アルバイトを含む全従業員が「作業計画表」という「チェックリスト」の仕組みをもとに行っています。

■環境整備で成果を出す「常時・随時・一時」の考え方

成果を出すためには、効率的に仕事を進めるための時間管理が非常に重要です。そこで、プリマベーラでは業務を次の3つに分類し、時間の使い方を改善するよう指導しています。

①直接粗利を生み出す主業務

［例］小売業であれば接客、品出し、経営サポートであれば営業など

②粗利を生まない会議や報告などの付随業務

［例］日報、リーダーへのホウレンソウ（報告・連絡・相談）など

③移動時間

［例］本社や店舗への移動時間、お客様訪問の移動時間など

成果を出すためには、「粗利を生み出す主業務」の時間をどれだけ確保できるかが鍵となります。そのため、付随業務や移動時間をできる限り効率化することが重要です。

では、**どのように付随業務を効率化していくのか？**　**ここで「環境整備」の考え方が出てきます。環境整備とは「仕事がやりやすい環境を整え備えること」です。この考え方をもとに、私たちは「常時・随時・一時」という3つの概念を使い、常に整った環境を維持するよう「改善活動」を行っています。**

「常時」とは「頻繁に使う物」を指します。例えば、仕事中に頻繁に使うハサミやセロテープが作業場所から離れた場所に置かれていたら、取りに行く時間が無駄になりますよね？　そのため、常時使う物は「すぐに使える場所」に配置します。

「随時」とは「時々使う物」です。例えば、1日に数回使うような交換用のレジロールやペーパーカッターが該当します。こういった時々使う物は「一歩、二歩」歩けば取れる、常時より少し離れた場所に置きます。

「一時」とは「たまに使う物」です。例えば、冬に雪が降った時に使う「雪かきスコップ」のようなものは、普段使わないので、作業場から離れたバックヤードに置いておきます。

このように、「常時・随時・一時」で物の置き場所を考えることで、作業場や本社が自然と効率的な環境に変わり、物を探すという付随業務が効率化されます。結果として、最も重要な「主業務」に充てる時間が増え、成果を最大化することができるのです。

現在、プリマベーラでは400人近い従業員が働いてくれています。環境整備の考え方を徹底し、実践することで、400人の従業員が「どうすれば効率的に仕事ができるか？」を日々考え、提案してくれています。

社長一人が効率を考える会社と、全従業員が効率的に仕事を進める方法を考える会社では、どちらが「成果を出せるか」は明らかです。

だからこそ「環境整備を通じて教育」しているのです。

常時・随時・一時で物の置き場所を考える

プリマベーラで最も成果の出ている魔法のチェックリスト

■お客様が気持ちよくサービスを受けられる環境をつくる仕組み

本章の最後に最も教育効果のあるチェックリストの仕組みをお伝えします。
それは「カスタマーサービスチェック」です。

カスタマーサービスチェックとは、**「お客様が気持ちよくサービスを受けられる環境」を整え備えること。**

このカスタマーサービスチェックは**「物的環境整備」を導入する前からプリマベーラで導入、実践していた「今も進化を続けている成果の出る仕組みの1つ」です。**

プリマベーラがおかげさまで増収増益を続けられている秘密はこのカスタマーサービスチェックといっても過言ではないぐらいの、ノウハウ中のノウハウです。

このカスタマーサービスチェックの目的は大きく2つあります。
1つが「サービスの均一性」を高めること。
もう1つが「お客様にとって理想的な売り場（場所）」をつくること。
それぞれ詳しく解説していきます。

■サービスの均一性を高める

カスタマーサービスチェックの1つ目の目的である「サービスの均一性を高める」について解説します。

企業であれば、お客様にさまざまな形でサービスを提供しています。小売業では商品そのものを、整骨院では施術といったサービスを、そして私たち経営サポートは

「仕組みづくり」という無形の情報を提供しています。

いずれのサービスにおいても、お客様には「人や物」を介して価値が届けられます。しかし、サービス提供者や提供場所（売り場など）によってその品質に差があると、お客様の不満を引き起こしかねません。


例えば、整骨院で「前に対応してくれたスタッフの方が丁寧だった」と感じたり、小売店で「他の系列店舗には新商品が豊富にあった」と気づいたり、飲食店で「前回より味が薄く冷めていた」と感じることがあります。

お客様は「いつも同じ」サービスを期待しています。提供者や場所によるばらつきがあると、不満が生まれ、気づかぬうちにお客様は「物言わず離れていく」結果につながります。

このような事態を防ぐため、私たちは「マニュアル」や「チェックリスト」を作成し、業務を「仕組み化」しています。

しかし、どれほど優れたマニュアルやチェックリストを用意しても、現場のスタッフが活用しなければ、まったく意味をなしません。

カスタマーサービスチェック導入前のプリマベーラでは、店舗ごとに「接客トーク」や「在庫管理」に大きなばらつきがありました。優秀な店長がいる店舗では、「マニュアル・チェックリスト」に沿った接客が行われ、在庫の発注も適切に管理されていました。

一方、新任の店長やマニュアルを十分に確認しない店長がいる店舗では、「同じブランドの店舗とは思えない」ほど接客や在庫状況に差が出ていました。このように、「サービスの均一性を高める」ことがカスタマーサービスチェックの第1の目的です。

■お客様にとって理想的な売り場を整える

第2の目的は「お客様にとって理想的な売り場（場所）」を整えることです。サービスを提供するには、通常「場所」が必要です。小売業であれば「売り場」、整骨院であれば「施術ベッド」、飲食店であれば「テーブル周り」がこれに当たります。

現場のスタッフは日々の業務に追われ、サービス提供の場所が乱れがちです。例えば、私たちが運営する本・DVD販売店「利根書店」では、毎月、お店の入り口に「今月のおすすめ商品」のポスターや販促物を掲示しています。しかし、一部の店舗では「数ヶ月前の日焼けしたポスター」をそのまま掲示したり、蜘蛛の巣のついた販促物をそのままにしたりして、正直に言えば「魅力に欠ける店舗」となっていることがありました。

このような古びた販促物や不衛生な掲示物が残っていると、お客様から「流行っていないお店」と思われてしまい、売上の減少につながる可能性が高まります。

「サービスの均一性を高めること」「お客様にとって理想的な売り場を整えること」、これらを実現する仕組みが、カスタマーサービスチェックです。

カスタマーサービスチェックは
最も教育効果がある仕組み

対象店舗		リユース事業部　CSCシート抜粋版	今回の点数
評価実施日時			
評価者氏名			

注意点）①評価対象がない場合はマルにする。②コメントはバツの場合や特に気になったところがあった場合のみ記入する。マルの場合は空欄でもよい。
③どんなに正当な理由があっても、お客様から見て、できていなければバツです。現実現場とチェックポイントを照らし合わせて情（じょう）を抜いて厳しく評価する
④点数は0か1しかつけてはいけない。（5点満点のときは、0か5）

NO	担当	対象	チェックポイント	配点	点数	コメント
1	A	店舗外 入口回り	・のぼりが配置図で見える化されていて、それに沿って立てられている。 また、過度に汚れていない、破れていない、日焼けしていない。（気にならない程度のほつれ、擦り切れ等はOKとする） その日に現在実施されているイベントの告知 or 直近の販促POPの掲示 or 季節MDののぼり or 現在特に買取訴求している商材ののぼりが道路側に出ている。	5		
2	A	店舗外 入口回り	お客様から見えるところに放置物がない。ゴミ箱・灰皿が溢れていない。 入口周り、外の空台車、自販機周りにゴミ・雑草・気になるほどの落葉などがなく、きれいに保たれている。	5		
3	A	店舗外 入口回り	店舗入口の看板（101はウィンドウ面）とデジタルサイネージで、現在実施されているイベントの告知 or 直近の販促POPの掲示 or 季節MDに載っている商品の訴求をしている。	8		
7	A	スタッフ	来店時に入店の挨拶が聞こえ、アイコンタクトが取れている。(誰か一人でもスタッフと目が合えばOK) また、「いらっしゃいませ、こんにちは」「ありがとうございます、またお越しくださいませ」がやまびこで店内に広がっている。30秒間にカウンター内、フロアから(フロアにスタッフがいれば)やまびこ挨拶が返ってくる。 用語もスタッフ間で統一できている。	5		
8	A	スタッフ	出勤スタッフの名札が、両面とも文字が大きくハッキリ書かれていて、他のもので隠れていない。(過剰にアクセサリーがついていない) ケースが汚れていない。 首の後ろで絞るなどして、自然にお客様から見えるようにしている。(カウンターで隠れない高さ)	5		

「緊急ではないが重要なこと」を実践する仕組みで成果に差がつく

■「緊急ではないが重要なこと」にフォーカスする仕組み

カスタマーサービスチェックの目的「サービスの均一性を高めること」と「お客様にとって理想的な売り場を整えること」の2つに共通しているのは、**いずれも「緊急ではないが重要なこと」という点です。**

例えば、マニュアルやチェックリストを活用しサービスの均一性を保つことも、理想的な売り場づくりも、日々の業務の中では優先度が下がりがちです。しかし、こうした重要な取り組みが安定的に行われることで、結果としてお客様にとって快適な環境を提供できるのです。

現場のスタッフにとっては、「緊急かつ重要な業務」がメインになりがちです。弊社店舗では「販売」「買取」「品出し」など、これらの業務だけでほぼ1日が終わってしまいます。そのためプリマベーラでは「月に1回は緊急ではないが重要なこと」にフォーカスし「お客様が気持ちよくサービスを受けられる環境」を整えています。

鳥取県で、製造、コンビニエンスストア、飲食業を展開するカネックスグループ（カネックス株式会社、有限会社ジョイフルライフ。経済産業省DX認定企業）の金《かね》田道《だみち》英《ひで》専務取締役は、カスタマーサービスチェックは「業績に直結する仕組み」だと感じています。

「各事業所の点検は月1回行っていましたが、カスタマーサービスチェックを導入するまで、業績に直結する方針の実施状況は、チェックできていませんでした。期待成果（※）の観点から、経営計画書の『お客様に関する方針』を点検項目に加えていくと、期待成果どおりの結果が出るもの、期待成果を上回る結果になるもの、下回る結果になるものが顕在化します。高い成果が見込めるものについては、マニュアル化して横展開を加速できます」（金田道英専務）

※期待成果＝その取り組みを行うことでどれだけの成果が見込めるのかを事前に考える思考法（370ページで解説）。

逆に低い成果しか見込めないものは、思い切ってやり方を変更しているとのこと。結果として、カスタマーサービスチェックには高い成果が期待できるものだけが残り、これを定期点検をすることで、業績向上につながります。

プリマベーラでは、カスタマーサービスチェックのような「緊急ではないが重要なこと」を定期的に実施するため「日報」「会議」「人事評価」「コミュニケーション」の仕組みを整備しています。私たちが成果を上げている理由の1つは、「緊急ではないが重要なこと」を実践する仕組みが確立されていることにあるのです。

お客様目線の教育を行う仕組み

■チェック項目をお客様目線で設計する

カスタマーサービスチェックの教育的な効果について、最後に紹介します。それは**「お客様目線」をスタッフに構築させることです。**

すでに述べたように、カスタマーサービスチェックの目的は**「お客様が気持ちよくサービスを受けられる環境」を整え備えることにあります。つまり、チェック項目の1つひとつがすべて「お客様目線」で設計されているのです。**

この**「お客様目線」を「教育」で伝えるのは非常に難しいものです。**経営層では「お客様目線で考えたらさ……」という会話が日常的に行われているかもしれませんが、この抽象度の高い概念を現場にまで浸透させるのは容易ではありません。

しかし、カスタマーサービスチェックでは、各チェック項目が「お客様目線」に基づいていることを伝えることで、現場スタッフに具体的な形で「お客様目線」を教育することが可能になります。このように、カスタマーサービスチェックは単なる点検ではなく、「お客様目線」を社内に浸透させるための具体的な教育手段でもあるのです。

例えば、私たちが運営する「ゴールディーズ」という高級ブランド・貴金属を取り扱う店舗のカスタマーサービスチェックには、「使用している綿手袋が汚れていないこと」という項目があります。高級ブランドの店舗で、高価な商品を扱うスタッフの手袋が汚れていたら、お客様はどのように感じるでしょうか？　購入を考えていた商品への意欲が少し減るかもしれません。

このように、チェック項目はすべて「お客様目線」で作成されているため、カスタマーサービスチェックを準備するなかで、成果につながる教育も同時に行うことができるのです。

こうしたチェック項目は、本・DVDを販売する利根書店業態においては約100項目にも及びます。ですが、自社でカスタマーサービスチェックを導入する場合は、最初は少ない項目数から始めることを推奨します。


なお、ページ数の関係で詳細は割愛しますが、**カスタマーサービスチェックは総務・経理やコールセンターといった「間接部門」においても非常に効果を発揮します。**

もし、この仕組みについてさらに知りたい、実際に見てみたいという方がいらっしゃいましたら、ぜひ「プリマベーラのバックヤードツアー」にご参加ください。このツアーでは、プリマベーラのさまざまな仕組みが実際にどのように運用されているかをご覧いただけます。**『ヤバい仕組み化』の出版以降、多くのお客様にご参加いただいており、日本を代表する超大手企業の方々にもご好評いただいています。**

プリマベーラ
バックヤードツアー

第3章のポイント

- スキル向上には「守破離」のステップが不可欠であり、まずはマニュアルやチェックリストを正しく「守る」ことから始める。
- マニュアルやチェックリストは、過去に成果を出した方法を体系化したものであり、最短で成果を生むための教育ツールとなる。
- 経営計画書は、会社の方針を示す「大きなマニュアル」であり、全社員が共通理解を持つための指針となる。
- e-ラーニングを活用することで、教育の均一化と効率化を図り、社長や管理職の負担を軽減できる。
- 「物的環境整備」を徹底することで、作業の無駄を削減し、業務の生産性を向上させる企業文化をつくることができる。
- カスタマーサービスチェックを実施することで、社員に「お客様目線」を養う教育を行うことができる。

コラム

マニュアル化、チェックリスト化こそ狭義の仕組み化

執筆：吉川充秀

マニュアルとは「どのようにやるか」が書いてあるものとプリマベーラでは定義しています。**英語で言えば「HOW」**です。**チェックリストとは、「何をやるか」が書いてあるもの。英語で言えば「WHAT」**です。これにカレンダーをつけることで、狭義の仕組み化が完成します。**カレンダーとは、言うまでもなく「いつやるか」が書いてあるもの**です。**英語で言えば「WHEN」**です。**何を、どのように、いつまでにやるのかが決まっていれば実行確率が上がります。マニュアル化、チェックリスト化、カレンダー化をすることで、何をどのようにやるかが明確になり、いつまでというデッドラインがあるからやらざるを得ない。つまり、実行確率が上がる。だから、成果につながります。**

プリマベーラでは、マニュアルを変え続けることにこだわってきました。その理由は、マニュアルは仕事のやり方の基本だからです。その基本をレベルアップさせることで、会社全体の仕事のレベルアップができるからです。社長が日報革命（プリマベーラの日報システム。255ページで紹介します）の中から、莫大な数のお客様の声や改善提案を読んで、その声や意見に基づき、「マニュアルを変える」わけです。**仕事のやり方は、お客様が教えてくれます。だからこそ、お客様の声を聴きつつ、現場の提案に合わせて、多角的に判断してマニュアルを変えるわけです。**

仕組み化のデバイスを絞り込む！

プリマベーラの仕組み化の道具はシンプルです。「報告」のツールとしては日報革命。グーグルワークスペースを使って、「実施」の道具であるマニュアルやチェックリストをつくります。そして、チャットワークを通じてタスク管理をして「チェック」をします。プリマベーラの仕組み化を見学に来て、ＩＴやデバイス・ガジェットに詳しい社長さんから時々こう言われます。「それは、チャットワークじゃなくて、Slackのほうがいい」「グーグルカレンダーなど使わないで、グループウェアのカレンダーをうちは使っている」。

本来、ツールは使い慣れたものを使うのがいいのですが、私たちは、使っているツールにこだわりがあります。**ツールの数が増えれば増えるほど、そして、仕事で使うツールが、自分たちが普段使っているツールとかけ離れたものであるほど、慣れるのに時間がかかります。つまり、導入のハードルが高く、定着までに時間がかかり、使いこなすまでに、多くの労力がかかります。それがそのまま費用増につながります。**

プリマベーラで使っているツールは、シンプルです。日報革命は、XやLINEを模した仕様になっています。なので、普段、SNSを使っている人は、あっという間に使い慣れることができます。同様に、チャットワークはビジネス版のLINEのようなものですし、グーグルカレンダーやグーグルワークスペースはプライベートで使っている人も多いでしょう。社長やITの担当者がデバイスやガジェット好きだと、導入のハードルは高いけど高機能な「ベスト」なものを選ぼうとします。ところが、

ITスキルがそれほど高くない社員さんに使ってもらうのであれば、その他大勢の社員さんたちが普段使っているツールに近しいものを選ぶのが理想です。導入のための研修費用などが、限りなくゼロになります。

「WindowsとMacの2つのパソコンを使いこなせるようにしよう。iPhoneとアンドロイドを持って、2つとも操作を覚えよう」とすると、大変です。慣れるまでに2倍の労力がかかります。だからこそ、**道具は絞り込むことをオススメします。私たちは成果を出す実務家ですから、「従業員さんが使いこなしてくれそうな道具」を使い倒す。これが、仕組み化のデバイスの選び方の基本です♪** 一人のITオタクの意見よりも、100人の平均的な従業員さんが使いやすいツールをとにかく選ぶことです。

研修を収録して横展開する

「中途の新入社員が入社したら、たとえ一人でも、社長の私が丸一日かけて理念研修をしている」という素晴らしい会社の社長さんがいます。この会社さん、サービスの質が高くて有名な会社さんですが、肝心の業績は伸びていません……。年間30人の中途の新入社員がバラバラに入社したら、ここの社長は、30日をこの理念研修に、時間を取られることになります。「社長は、耳にタコができるくらい、『また同じ話をしているよ』とあきれられるくらいでないとダメだ」と言われることもありますが、私は同じ話を繰り返すのが苦手です（苦笑）。**私は、仕組みで解決したいので、動画化します**。あるいは、音声化します。そして、それを見てもらいます。私たちのベクトル用語集にはこう書いてあります。**「最高の仕組み化とは自動化」だと。**

プリマベーラのオリエンテーション・e−ラーニングは、一度収録した動画を何百人に見てもらいました。これにより、社長の膨大な時間が浮きます。「同じ話をする社長」を見て、私が感じるのは、「この社長さんは、自分の話に酔っているのではないか」というのが半分。もう半分が、「**同じ話をするという安易な仕事に逃げているのではないか**」ということです。

社長は得意な単純作業に逃げずに、難易度が高い「積み上げる仕事」にトライする

ワタミの渡邉美樹《わたなべみき》氏が、「居酒屋の店長が、お店が忙しくなると食器の洗い場に行って食器を洗うのは逃げだ」という趣旨のことを書籍で書いていたのを見たことがあります。「食器洗い」の仕事は、私たちの言葉で言えば**「こなす仕事」です。難易度が低い単純作業で、改善する要素があまりありません。社長がすべき仕事は、単純作業や慣れた仕事の繰り返しの「こなす仕事」ではなくて、「積み上げる仕事」であるべきではないでしょうか。**

居酒屋の店長ならば、お客様でごったがえすフロアに行き、お客様の声を聴いて、店舗運営の改善案を考える。社長ならば、店舗や営業の現場に行き、店舗や営業手法や仕組みの改善案を、**アタマに汗をかいて考える。これこそが「積み上げる」仕事だと思うのです。改善余地の少ない繰り返し仕事を離れて、改善余地の大きい仕事をする。改善余地の大きい難しい仕事には、産みの苦しみもありますが、仕事の最大の楽**

しみである「工夫」の宝庫です。そして、社長が「工夫」を楽しむ後ろ姿を見せることで、従業員さんも仕事の面白さ、自創のやりがいに気づくようになるかもしれませんね♪

オリエンテーションは「踏み絵」

プリマベーラの利根書店にアルバイト入社をしてきた従業員さんが、入社当日に失踪することが、今までたびたび起こっています（苦笑）。その理由の1つは、「ビデオ屋って、楽だと思って入社したら、こんなに覚えることがあるのか？」というギャップ。何しろ、現場の業務だけでも膨大な数のマニュアルがあります。接客マニュアル、POSレジの使い方マニュアル、買取マニュアル……。もう1つの理由が、オリエンテーション。プリマベーラで**正式採用されるためには、オリエンテーションの動画を70本見て感想を上げる必要**があります。

すると、「お昼休憩に行ってきます」と言って、その新人アルバイトさんが、1時間経っても2時間経っても帰ってこない（苦笑）。入社早々、わずか数時間でリタイアしていきます。「プリマベーラは、仕組み化企業と言っておきながら、採用、定着すらうまくいってないじゃないか」と言われそうですが、私たちは「むしろこれでいい」と思っています。

入社して、苦労して仕事を教えて、3ヶ月後に「やっぱりこんなはずじゃなかった」と思われて辞めるよりも、入社早々の初日に「こんなはずじゃなかった」と思われて辞めてもらったほうが、ダメージが小さくて済みます。つまりは、**オリエンテーションは「踏み絵」のようなもの**です。「アルバイトなのに、経営理念の話とか聞かされるのか？　この会社は、宗教みたいだ」と言って入社早々にすぐに辞めていった女性のアルバイトさんもいます。また、「古着の出品業務を教えないで、仕事に関係ないオリエンテーションの動画ばかり見させられる。この会社は、おかしい」、そう言って優秀そうな新人さんが辞めたケースもあります。

私たちの会社では、アルバイトさんと言えども、ベクトルを合わせることに重きを置いています。だから、**ベクトルを合わせてくれなそうな従業員さんは、早い段階で**

辞めてもらったほうが、お互いにとっていいわけです。

採用してはいけないのは「人罪」

ベクトルが合わない人が入社をしてくると大変です（苦笑）。「人罪」化する確率が高い（苦笑）。人罪とは、いると害を与える人です。「この会社はおかしい」「宗教じみている」と、会社批判をしてSNSにあげたり、周囲にわめきちらします。

私たちは、**「仕事をするうえでの考え方は合わせていこう」と考えています。それがベクトル合わせの重要な点です。**一方で、個人の信念や、考え方は、何をどう思っていても結構ですし、尊重します。**会社は、従業員が力を合わせて、会社の方針を実行して、お客様を喜ばせて成果を出す場所です。**そして、その成果を従業員さんみんなで分け合って、みんなで潤う場所です。ベクトルが合わない「人罪」さんを採用すると、「一致団結」できなくなります。

そういう意味で、オリエンテーションの効果は絶大です。プリマベーラの先輩従業員さんたちは、全員がオリエンテーションを視聴してきました。また、毎日のように、経営計画書の読み合わせや、ベクトル合わせの勉強会に触れています。プリマベーラの色に染まっています。**人は、ルールよりも「雰囲気、ムード」に染まります。朱に交われば赤くなり、新人さんも、理念、ベクトルが伝承されていくわけです。**

必要は「実行」の母

私たちは呼吸をして、トイレにも行きます。「何を当たり前のことを？」と思われるかもしれませんが、**呼吸をするのもトイレに行くのも実行確率１００％です。**無意識下で実行しています。呼吸をしないと死ぬし、トイレに行かないと漏らします。だから、実行するわけです。つまりは、**必要性があれば、誰に言われなくても実行するようになります。**一方で、歯磨きをしない人がいるのは、すぐに虫歯になるわけでもないし、「必要性」を感じていないからです。

仕組み化の基本的な考え方は、「必要性」です。「やらざるを得ない仕組み」にすることです。オリエンテーションの動画を70本も全部見て、感想を上げてくるのは、必要性をセットしているからです。**「全部見て、感想を上げないと、正式採用にならない」という必要性があるから、実行する**わけです。

環境整備も同じです。掃除をはじめとする環境整備など、歯磨きと一緒で格好のサボる対象になります（苦笑）。私たちは、環境整備点検というチェックがあって、その点数が昇給や賞与に反映される。だから、「やらざるを得ない」。だから、実行されます。**絶対に実行してほしいことは、登用基準や評価に組み込む。これが、「必要性をセットする」という考え方です。必要は発明の母なんて言いますが、実は必要は「実行の母」でもあるわけです。**

必要ない人には教えない

教えるタイミングは大切です。私はフルオープン経営です。従業員さんでも、社外の人でも、「教えてください」と聞かれたら、なんでも教えちゃいます（笑）。それは、

「教えてほしい」という必要性を相手が感じているから。つまり、必要なことは話します。必要なこと以外は、教えません。

「何を聞いていいかわからないから質問もできない」という従業員さんがいたとします。この人には、強制的に教え込みます（笑）。質問できないほど、何も仕事のことがわからないのだから、教える必要があるのです（笑）。それが、ティーチング（教え込む）ということです。オリエンテーションもある意味、ティーチングです。強制的に聞いてもらうわけですから。

ベテランになってくると、今度はコーチングです。相手が質問をしてきたら、「あなたはどう思う？」と聞き返します。自分のなかの答えに**気づかせる**ように促していきます。基本的に、**考えさせるほど、自主的になっていきます。**「どう思う？」と聞いて、相手の意見を聞いてから、「自分ならこうするよ」と言う。そして、どっちを取るかを決めるのは相手にまかせる。こうすると、自走社員、自創社員が育ってきます♪

第4章

仕組みと制度でスキルを磨く

執筆：松田幸之助

社員教育は「2つの軸」で行う

■人間性向上の教育も行う

本章では、プリマベーラにおける「社員教育の仕組み」について詳しくお伝えします。前章で触れたように、スキル教育は、マニュアルやチェックリストを用いることで効率的に知識や技術を習得できるよう工夫をしていますが、プリマベーラの教育はそれだけにとどまりません。

私たちの「オンライン経営計画書」（329ページで紹介します）に明記されている「教育に関する方針」では、**教育の目的を「人間性向上と実務に役立つスキルの学習」**

としています。これは、会社として単なる業務効率の向上にとどまらず、社員一人ひとりの人格や成長にも力を入れていることを意味します。

実務に直結するスキル教育は、確かに成果に結びつきやすく企業の成長にとって欠かせないものです。しかし、それだけでは知識や技術だけが重視され、「頭でっかち」になりやすい側面もあります。そこで、プリマベーラでは実務的な教育に加え、「人間性向上」を目的とした教育も並行して行うことで、社員のバランスのとれた成長を目指しています。

こうした教育のバランスは、社員が仕事もプライベートも豊かで充実した日々を送るための基盤であり、結果的には組織全体の健全な成長に貢献するものだと私たちは考えています。

前向きな社風をつくるニコニコワクワク研修の仕組み

■プリマベーラが変わった3つのきっかけ

吉川は、プリマベーラが成果の出る会社へと変わった要因として、次の3つを挙げています。

1つ目は、プリマベーラの経営の師匠である株式会社武蔵野の小山昇社長と出会い、経営の原理原則を学んだことです。小山昇社長は中小企業のカリスマ経営者であり、経営コンサルタントでもあります。私たちプリマベーラは小山昇社長から経営の原理原則を学び、その原理原則をベースにさまざまな仕組みを構築してきました。私、松田幸之助も小山昇社長や、矢島茂人専務を経営と人生の師匠だと思い、今もなお日々勉強させていただいています。

2つ目は、吉川が考案した「仕組み化仕事術」という「成果の出る仕事の型」です。プリマベーラの幹部は全員吉川から「仕組み化仕事術という成果の出る仕事の型」を学んでいます。通常、吉川のようなカリスマ創業社長の仕事のやり方をそのままマネすることは難しいものです。しかし、吉川は「成果の出る仕事の型」を「仕組み」として私たちに教えてくれました。吉川が代表取締役を退任してからも増収増益を続けているのは、彼が「仕組み化仕事術」を開発し、成果の出る仕組みをつくってくれたおかげであると私は考えています。

最後の3つ目は「ニコニコワクワク研修」です。ニコニコワクワク研修は、人間性向上のために取り組んでいる社員教育の仕組みです。この研修は、弊社のパート・アルバイトを含むすべての従業員が必ず参加しなければならない研修であり、私が最も感銘を受けた社内研修の1つです。

■心のコップが下向きな人のコップを上向きにする研修

私がプリマベーラに入社したのは、2008年の9月。当時19歳でした。入社のきっかけは、車の免許を取るお金を貯めるために、仕事をする必要があり、自宅から自転車で行ける距離に、たまたま会社があったからです。

当時の私はいわゆる「嫌なやつ」でした（笑）。性格は比較的明るかったと思いますが、仕事に対する向き合い方は最悪です。

当時一緒に働いていたアルバイトのSさんと毎日のように「だるい」「面倒臭い」「こんなことやっても意味がない」と会社に対する批判ばっかり口にしていました。今面接に来たら不採用間違いなしです（苦笑）。

そんな私が変わるきっかけの1つとなったのが、毎年年末に開催される「ニコニコ

ワクワク研修」でした。**当時の講師は吉川が担当し、この研修のテーマは「心のコップが下向きな人のコップを上向きにする」というものでした。**

研修の中で、「幸せになるためには『物の見方・考え方』が大切です」という話がありました。研修の5時間を「面倒だ」と捉えるのか、「自分の成長に繋げよう」と捉えるのか、すべては自分の考え方次第である、と。

とはいえ、当時の私は「素直」ではなく、吉川がどんなに良い話をしても「早く終わらないかな」と感じているような状態でした。

しかし、入社3年目頃から、日々の仕事を通じて学びを深めるうちに「確かに吉川さんの言っていることは本当だ」と思う瞬間が増え、少しずつ考え方が変わり始めたのです。

吉川はよく**「人が変わるきっかけは2つしかない」**と言います。**1つは「ショック」です。**価値観が大きく揺さぶられるような経験を通じて、自分の考えが劇的に変わることです。例えば、大病のような出来事を経験して命の尊さや人の温かさに気づくケースです。

もう1つが「リピート（繰り返し）」です。ショックは人生で何度も起こるわけではなく、コントロールもできないため、現実的な変化の方法は「リピート」によるものがほとんどです。

「ニコニコワクワク研修」は毎年年末に必ず開催され、私が入社してからおよそ17年間続いています。人はそう簡単には変わりません。だからこそ、毎年この研修を通して従業員の「心のコップが上向き」になるよう繰り返し、繰り返し促しています。

私自身研修の参加回数を重ねるごとに、「物の見方・考え方」が少しずつ変わり、「成功する習慣」や「幸せになる習慣」を身につけてきました。**今、私が楽しく仕事に取り組めているのも、プリマベーラ経営サポート事業部の社長執行役という立場にあ**

るのも、この「ニコニコワクワク研修」の学びを愚直に実践し続けたおかげだと言っても過言ではありません。

現在、吉川が会長となったことを受け、「ニコニコワクワク委員会」という社内委員会が設立されました。この委員会では、ニコニコワクワク研修を通じて「考え方が変わった」社員が講師を務めています。**創業者である吉川が講師を務めると、一部の社員には「吉川さんだからできたんでしょ」という印象を持たれてしまう可能性もあります。**しかし、同じ会社で働く同僚が講師を務めることで、社員一人ひとりにとっても話がすっと入ってきやすく、より実感を持って学びを深められる効果があるのです。

社員が自然と目標設定をする仕組み

■目標は無理につくらなくていいと言う理由

ニコニコワクワク研修では、研修のゴールとして「自分の目標」を作成します。この目標は**「プライベートの目標」と「仕事の目標」の2つに分かれています。**プリマベーラでは、研修に参加した全員が目標を設定し、それを本部や店舗内で掲示することがルール化されています。アルバイトスタッフも例外なく対象です。

プライベートの目標では「体重を60キロにする」「海外旅行に行く」「親孝行をする」などがあります。一方、仕事の目標では「社長賞を取る」「S評価（最も高い評価）を得る」「担当部門で過去最高の売上を達成する」などがあります。

松田が2015年（当時26歳）に作成した仕事の目標

「目標をつくるのは難しいのでは？」と感じる方もいるでしょう。そんなとき、私たちはこう伝えています。「目標はあった方がいいけれど、なくても大丈夫。もし目標が見つからないときは、目の前の仕事を一生懸命頑張ってみてください。そうするうちに、自然と自分の目標が見えてきます」と。

私たちは、目標を無理に設定するのではなく、日々の取り組みを通じて目標を見出していくプロセスを重視しています。その過程が、社員一人ひとりの成長とモチベーションにつながると考えているからです。

社長が社員の夢を応援する仕組み

■トップが「ありがとう」を伝え、その気にさせる仕組み

ニコニコワクワク研修で目標を作成しても、大半の従業員はその目標を「忘れて」しまいます。また、仮に目標を覚えていたとしても、「やっぱり自分には難しいかも」と思ってしまう。それが人間です。

先ほど述べたように、人が変わるきっかけは「ショック」と「リピート」です。現役社長だった当時の吉川は、この「リピート」による変化を促進するために、**毎月数百枚もの「サンクスカード」を従業員に送り続けました。**

吉川が2013年に松田に送ったサンクスカード

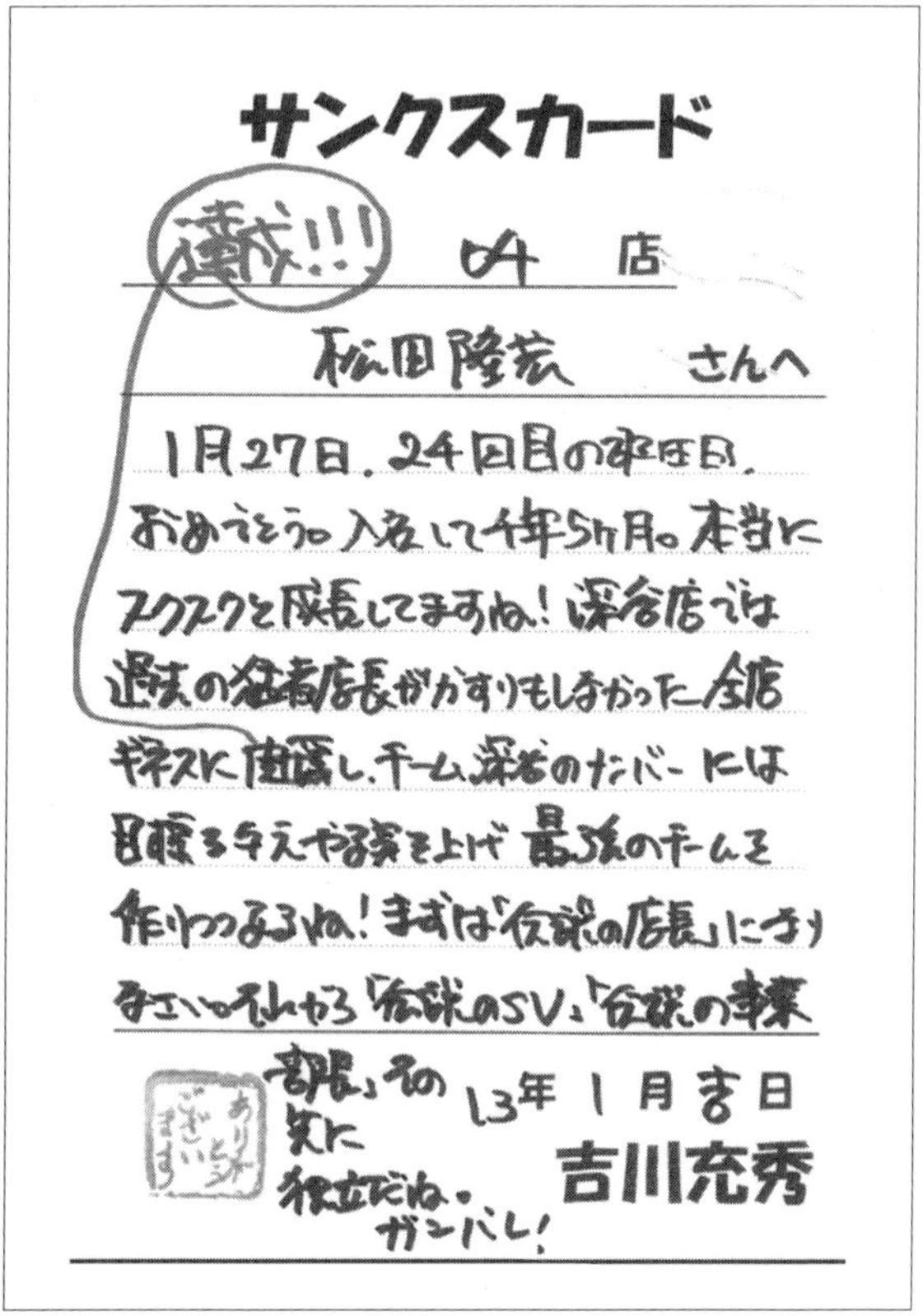
サンクスカード

達成!!!

04 店

松田隆宏 さんへ

1月27日、24回目の誕生日。
おめでとう。入社して4年5ケ月。本当に
スクスクと成長してますね! 深谷店では
過去の名店長がかすりもしなかった全店
ギネスに挑戦し、チーム深谷のメンバーには
目標を与え、やる気を上げ最強のチームを
作りつつあるね! まずは「伝説の店長」になり
なさい。それから「伝説のSV」「伝説の事業
部長」その先に独立だね。ガンバレ!

13年1月吉日
吉川充秀

ありがとうございます

※一人ひとりに手書きで激励の言葉を送ってくれていたことに改めて脱帽です。

このサンクスカードは、従業員への感謝を伝える仕組みとして導入されたものでしたが、それ以上に重要だったのは、カードに書かれた「もらった人をその気にさせる文章」でした（サンクスカードの仕組みについては２５５ページで紹介します）。

大人になってから、人から褒められたり応援されたりする機会はほとんどありません。ましてや、会社のトップである社長がアルバイトにまで「ありがとう」を伝えるというのは、非常に珍しいことではないでしょうか。

プリマベーラが「仕組み化経営」で成果を出しているのは事実ですが、その仕組みを動かすのは「人」です。吉川は「人を最大限に活かす仕組み」を数多く構築してきました。そして、誰よりも吉川自身が「人間性を高める」努力を惜しまず、仕組みを動かす「人」の素質を最大限に引き出していたのです。

このように、仕組みと人の双方に力を注ぐことで、プリマベーラは他社にはない独自の成果を上げ続けているのです。

吉川が2016年に松田に送ったサンクスカード

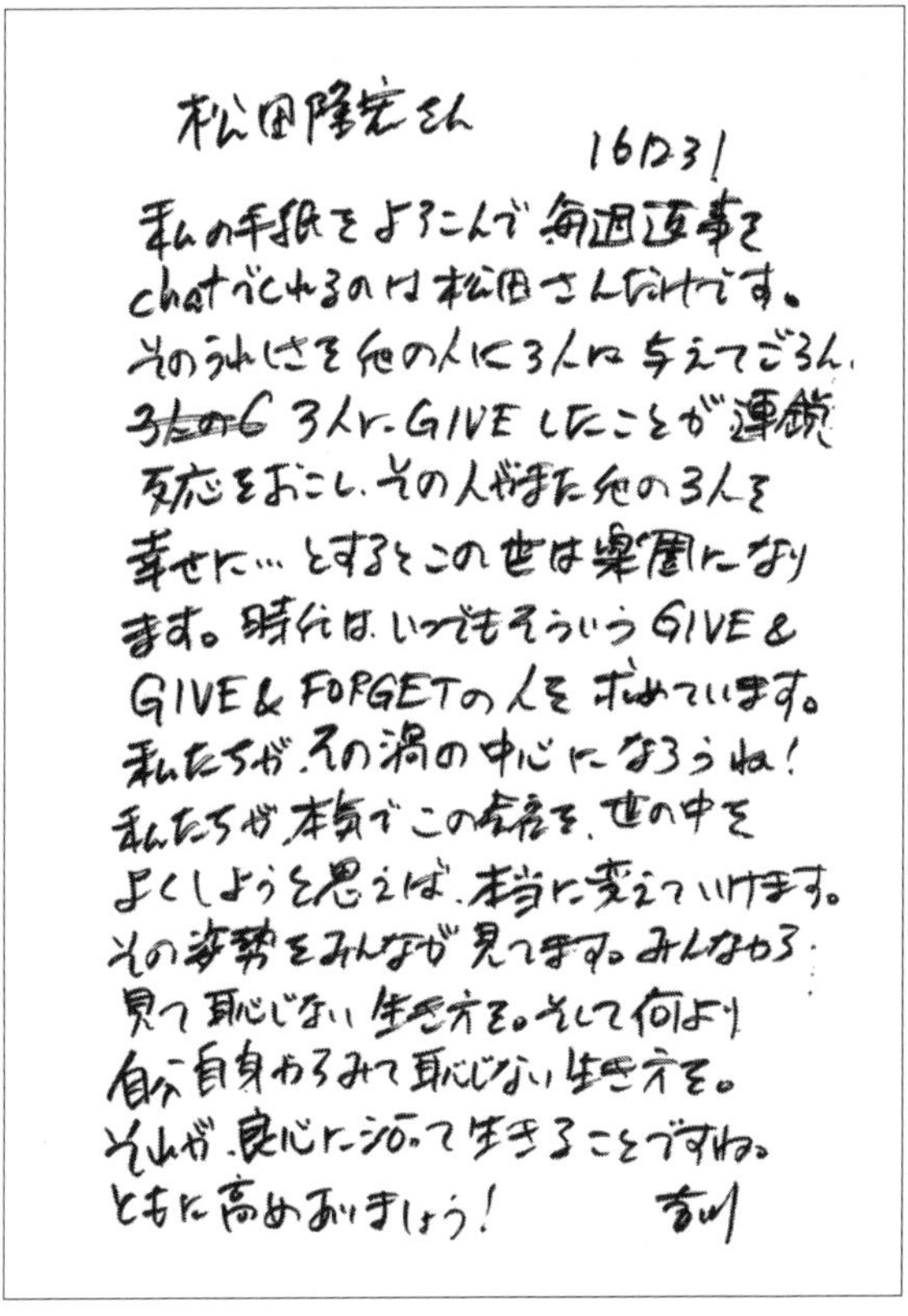
松田隆宏さん

16.12.31

私の手紙をよろこんで毎週返事をchatでくれるのは松田さんだけです。

そのうれしさを他の人に3人に与えてごらん。

~~3人の6~~ 3人にGIVEしたことが連鎖反応をおこし、その人がまた他の3人を幸せに…とするとこの世は楽園になります。時代はいつでもそういうGIVE & GIVE & FORGETの人を求めています。

私たちが、その渦の中心になろうね！

私たちが本気でこの会社を、世の中をよくしようと思えば、本当に変えていけます。

その姿勢をみんなが見てます。みんなから見て恥じない生き方を。そして何より自分自身からみて恥じない生き方を。

それが、良心に沿って生きることですね。

ともに高めあいましょう！　吉川

※当時からリーダーは「人間性を高めよう」とさまざまなアドバイスをいただきました。

身につけるべきスキルが明確になるスキルアップシート

■実務教育の中心はスキルアップシート

私たちは、このようにニコニコワクワク研修をはじめとする「人間性」を高める教育にも力を入れていますが、最終的に成果を出すのは「実務」です。**いくら心の教育を充実させても、実務教育を疎かにすれば、目に見える成果は上げられません。社員教育においては「人間性を高める心の教育」と「成果を出す実務教育」のバランスが何よりも重要です。**心を磨き、ポジティブなマインドを育むことで基盤を整え、実務に直結するスキルを身につけることで、確実に成果を上げられるようになる。この両輪が揃って初めて、社員一人ひとりが最大限に成長し、会社全体の目標達成につながるのです。

社員教育は、場当たり的なものでは効果的にスキルを磨くことはできません。そこで、私たちは**「スキルアップシート」と呼ばれる仕組みを構築し、効果的な社員教育を行っています。**

第3章でお伝えした通り、教育では「教えるタイミング」が重要です。「入社1年目の社員にはここまでのスキルを」「入社3年目の社員にはさらに発展したスキルを」と社歴や役割に応じて期待するスキルが変わります。

経営者の方から「社員が思うように成長してくれない」というご相談をいただきますが、その際に詳しくお話をうかがうと、多くの場合「社長が望む社員像」と「必要なスキル」が明確に定まっていないことが原因であるケースが少なくありません。社長自身が理想の社員像をイメージできていなければ、社員もどの方向に努力すべきかがわからず、成長の方向性がずれてしまうことがあります。

一方で、社員が努力をしているものの、その努力が社長の望む方向とは異なる場合もあります。こうした「身につけてほしいスキルの期待値調整」が上司と部下でしっかりとすり合わせされていないと、効果的な教育を行うのは難しいのです。

プリマベーラでは、入社年数や役割に応じた「スキルアップシート」を活用し、例えば「入社1年目までにはここまでのスキルを身につけよう」「店長になる人であれば、ここまでのスキルを身につけよう」と明確な目標を設定しています。

求めるスキルを明確にすることで、会社、社員それぞれがスキル獲得のための取り組みを行うことができるのです。

スキルアップシートは必要なスキルを明確にする仕組み

ここの得点欄は、「配点合計」に対しての「得点合計」の割合を記入してください。（小数点以下切り捨て）
例） 配点合計：105点、得点合計：70点だった場合⇒得点割合：66%

氏名：

	1月	2月	3月	4月	5月	6月	7月	8月	9月	10月	11月	12月
得点割合（%）												

※得点は、３段階でつける。
・ 聞きながら、あるいはマニュアルを見ながらできる ⇒ 1
・ 意味を理解し、一人で問題なくできる ⇒ 2
・ 継続してやれている、優れた方法でできる ⇒ 3

※90%以上の特典割合を3か月以上続けて取ることを目標とする。

業務分類		スキルアップ項目 （配点： 0-1-2-3）	得点（ 月）	得点（ 月）	得点（ 月）	得点（ 月）	得点（ 月）	得点（ 月）
1	フロア業務	品出しの優先順位を理解し、ある程度のスピードで実行している						
2		何をしていてもお客様からの視線を意識して仕事をしている。 率先しての明るい挨拶はもちろん、印象の良い笑顔をアイコンタクトで伝えている。 常に上機嫌、ニコニコしながらフロアに立っている。						
3		フロアに出ることの重要性を理解して積極的にフロアで作業し、お客様との接点も取れている。居てくれて助かる店員さんになれている。						
4		オーバーアクションで商品整理、明るく元気のある声出しなど率先して行っている。 お客様にとってメリットのある情報の発信ができている。						
5		商品整理の効果を理解し、状況に応じてレベルを変えて行っている。						
6		基本的なマーケティング手法をマニュアルで確認し、売場で実践している。						

新入社員を即戦力化する
新入社員教育プログラム

■新入社員教育は人生を左右する重要な機会

スキルアップシートを作成し、社員に身につけてほしいスキルを明確にしても、それだけでは不十分です。スキルアップを実現するためには、社員に対して適切な「教育の場」を提供することが必要です。

プリマベーラでは**「階層ごと」に教育プログラムを設計しています。特に注力しているのが「新入社員教育」です。当社では2006年から新卒採用を開始し、それ以来18年間継続して新卒採用を行っています。**

新卒採用では主に**「未来の幹部候補」**を採用することを目指していますが、その未来の幹部候補たちも、適切な教育を受けなければ幹部として育つことはありません。新卒で入社する社員たちは、たとえるなら**「真っ白なキャンバス」**のような状態でプリマベーラにやってきます。**このキャンバスに何を描くかによって、「イキイキワクワク人生」を歩む人材となるかが決まります。**

この「真っ白なキャンバス」を「成果を生む思考（成果脳）」や「仕組みを考える思考（仕組み化脳）」を身につけられるように導くことが、新入社員教育の最大の目的です。そのため、新入社員教育は、単なる業務習得の場ではなく、人生を大きく左右する重要なスタート地点として位置づけています。

■理想の状態から逆算したプログラムを設計する

私たちの新入社員教育は、**「最終的にどんな人財になってほしいか」を明確にイメー**

ジし、その目標から逆算して必要なスキルを教えるように設計されています。

例えば、「社内コミュニケーションでトラブルが起きないような人財になってほしい」という目標を掲げ、そのために新入社員教育プログラムに「コミュニケーション」に関する講義を組み込んでいます。職場での人間関係が円滑であることは、個人の成長だけでなく、組織全体の成果にも影響するため、特に重要な教育項目と位置づけています。

プリマベーラでは、従業員の7割がパート・アルバイトスタッフです。そのため、新卒の幹部候補生であっても、業務面でのスキルはアルバイトスタッフの方が圧倒的に上であることがほとんどです。一方で、一般的には新卒社員の方が給与が高い。このような状況で、職場での適切なコミュニケーションが欠けると、アルバイトスタッフから不満やクレームが生じてしまいます。

こうした不満が蓄積すると、リーダーが仲裁に入るなどして余計な「コミュニケーションコスト」が発生します。多くの新卒社員は、入社時点では「社会人としてのコ

新入社員教育プログラムの年間予定

	9	10	11
ゴール	社内理解を進める	働きがいを知る	仕組みのOSを理解する
スキルアップ	コンサルタント養成講座	コンサルタント養成講座	コンサルタント養成講座
	タイピング練習	内定者合宿	タイピング練習
		タイピング練習	現地見学会リハ →インプット＆アウトプット
		ロールモデル設定ワーク	メルマガ作成開始(月1本)→
		課題図書 仕組み化Youtube視聴開始→	
モチベーションアップ	懇親会	懇親会	懇親会
	リユース交流会	サシランチ	サシランチ
ベクトル合わせ	ベクトル勉強会視聴スタート	ベクトル勉強会	ベクトル勉強会
		バスウォッチング	

目標

＝

「成果を出せる人財」

から逆算して

身につけるスキルをプログラム化する

ミュニケーション」を十分に理解していません。だからこそ、入社直後の段階で、適切なコミュニケーションスキルをしっかりと指導することが欠かせないのです。

新入社員教育プログラムでは、このような「コミュニケーション」に加え、「メモの取り方」や「リーダーシップ」など、社会人として必要なスキルをカバーしています。これらを月1回、全12回のカリキュラムとして1年間かけて実施することで、入社1年後には成果を出せる人財へと成長していくのです。

実際、**この新入社員教育プログラムを受講した60名のうち、31名（51・6％）がすでに社内で昇進を果たしています。また、現在も能力を磨きながら成長している人材を含めると、最終的には70％近くの受講者が昇進していくと見込んでいます。**

昇進率100%の勉強会を設計する方法

■ラーニングピラミッドで勉強の成果を最大化する

社員教育のために勉強会を開催している企業は多いと思います。一方で**「勉強会を開いても思うように社員が成長してくれない」**と感じる経営者や担当者も少なくないのではないでしょうか。

私たちも数多くの社内勉強会を開催してきましたが、成果を実感できないものもありました。そのような課題に直面した際に取り入れたのが、**「ラーニングピラミッド」という教育指導の考え方です。**

ラーニングピラミッドによれば「講義」を受けた際の記憶定着率はわずか5%、読書による定着率は10%程度とされています。一方で、ディスカッションや実践型の学びでは定着率が大幅に向上することが明らかになっています。

仕組み化が進む以前、私たちの社内勉強会の多くは「一方的な講義形式」でした。講師が話すだけで、やる気のある人は話を聞きますが、やる気のない人はただ座っているだけという状態です。

そこで、ラーニングピラミッドの考え方に基づき、記憶の定着率を高める「ディスカッション」や「実践型の講義」に勉強会のスタイルを切り替えました。さらに、新入社員教育プログラムでは**「今年の受講生の中から来年の講師を担当する」**というルールを導入しました。この仕組みにより、受講生は次年度に教えることを見据えて一生懸命学ぶようになり、学びの効果が飛躍的に向上しました。

特に注目すべきは、「人に教える人が最も成長する」という点です。実際、新入社員教育プログラムで「社内講師」を務めた10名のうち10名全員が、昇進を果たしています。昇進率は驚異の100%です！

教育指導で有効なラーニングピラミッド

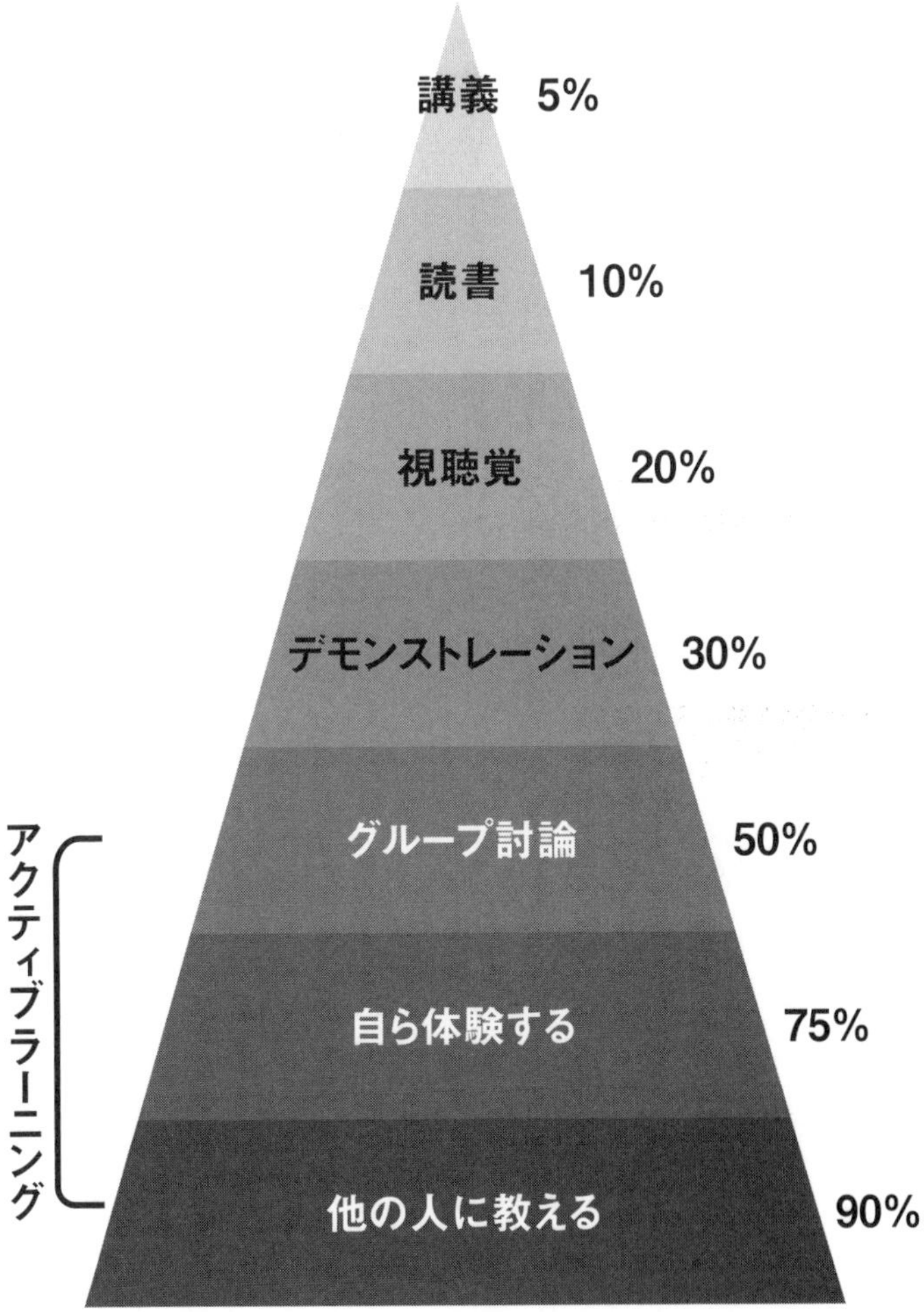

スキルアップを加速させる車内大学の仕組み

■移動時間を勉強時間に変える環境を提供する

本書を読んで「よし！　社員教育の時間をつくろう！」と思っても、実際には「社員教育の時間がとれない」そのような現実に直面する方も多いでしょう。業務と社員教育のバランスを取るのは、確かに難しい課題です。

そこで私たちが導入しているのが**「車内大学の仕組み」**です。プリマベーラの本社は群馬県太田市にあり、郊外に店舗があることが多いため、従業員の移動手段のほとんどは「車」です。通常、出勤や退勤の移動時間は「ラジオや好きな音楽」を聴きながら過ごすことが一般的ですが、私たちはこの「移動時間」に注目しました。

運転中に手を使うことはできませんが、耳で情報を得ることは可能です。そこで、**「移動時間中に耳から学べるコンテンツ」を多数用意しました。これを「耳学」と呼んでいます。過去に開催した社内勉強会の音声を、「コミュニケーション」「マネジメント」などのカテゴリーに分類し、誰でも気軽に学べる環境を整えています。**

もちろん、出勤・退勤の時間に学ぶかどうかは従業員の自由です。しかし、例えば片道30分の通勤時間を学びに充てた場合、1ヶ月で約10時間、1年では120時間以上の学びの効果を得られる計算になります。私自身も移動時間は基本的に「耳学」に当てていますが、この積み重ねが驚くほど大きな成長につながっています。

「車内大学の仕組み」は、学びたいと思ったときにすぐに学べる環境を提供するための非常に有効な方法です。

車の移動はもちろん、電車やバス、徒歩の移動時間など、従来ただの「移動時間」とされていたものが、社員にとって価値ある「勉強時間」へと変わります。社員教育を充実させたいと考える方には、ぜひ導入を検討していただきたい仕組みです。

車内大学で学べるカテゴリー別のe－ラーニング

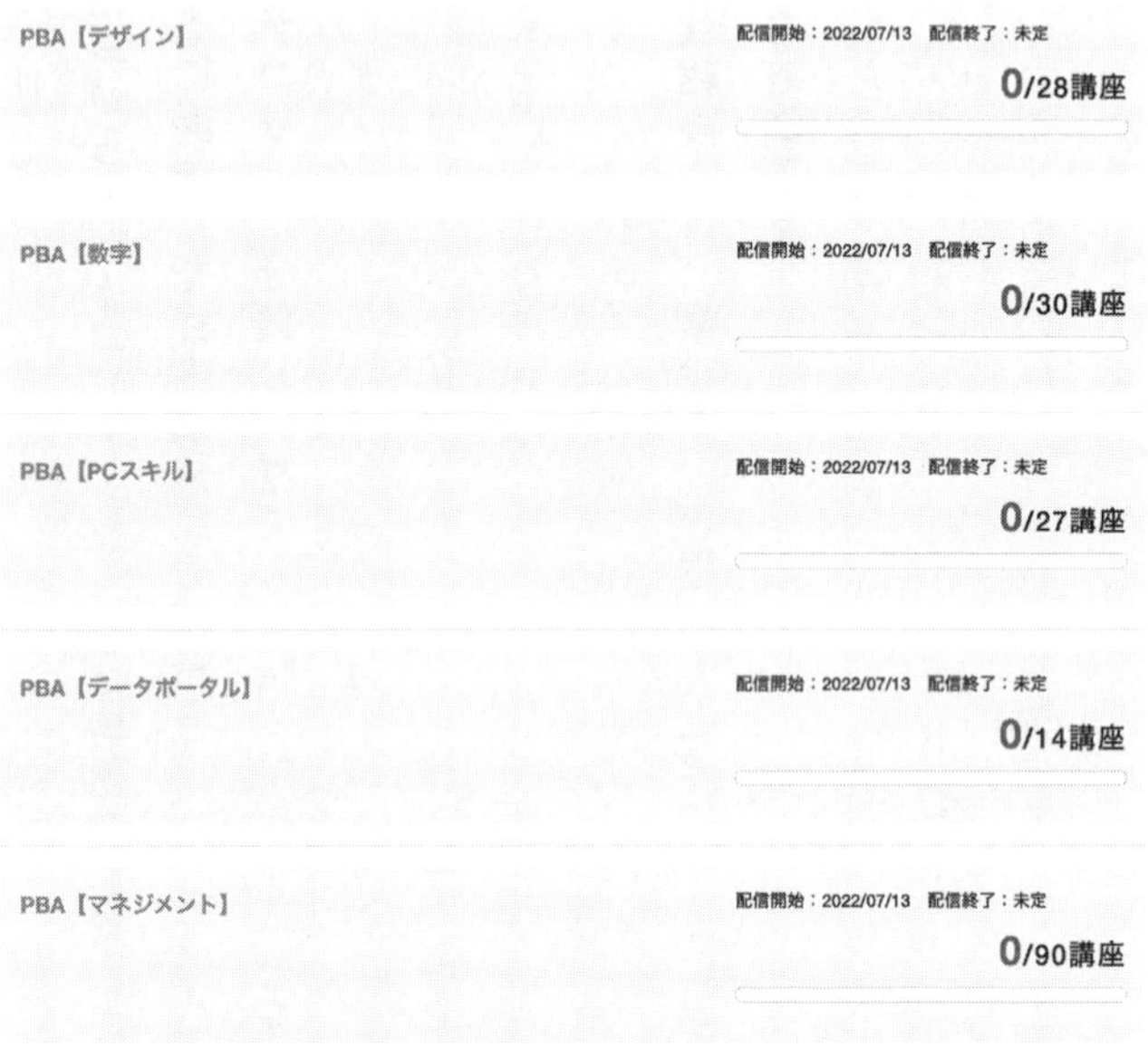

移動中に耳から学べるよう
社内勉強会を音声化

成果が上がるスキル教育の設計法

■人事評価制度との紐づけがポイント

スキル教育の仕組みや取り組みをご紹介しましたが、スキル教育を行うとき大切な考え方があります。

それは、**スキル教育を行う際「自社に必要なスキル」と教育内容が密接に結びついていることです。**どれだけマニュアルやチェックリスト、e-ラーニングの仕組みを構築し、従業員のスキル教育の場を提供しても、教育内容が実際に業務で必要とされるスキルとつながっていなければ、成果には結びつきにくくなります。

例えば、営業職の社員がエクセルの関数や英語を学んでも、業務に直結する成果を上げるのは難しいでしょう。成果を出す教育とは、**「実務に直結する教育」**であるべきなのです。

もちろん、経営層にとって、今すぐ必要でない情報や知識を取り入れ、将来の意思決定に備えることは有効です。しかし、現場に近い社員ほど、実務に直結する教育が早期の成果につながりやすく、成果が出ればさらなる学習意欲が生まれます。

私たちが考える理想的な社員教育の流れは図のような「経営計画書の方針→人事評価制度→社員教育」です。

まず、今期はどのような「方針」で動くかを経営計画書の方針として作成します。私たちの貴金属事業のゴールディーズという店舗であれば、経営計画書に「貴金属の買取に力をいれる」という方針があります。これは、弊社リユース事業部の社長執行役守《もり》田《た》達郎《たつろう》が脳に汗をかきながら「この方針（戦略）でいけば成果が出る！」と考え

理想的な社員教育の流れ

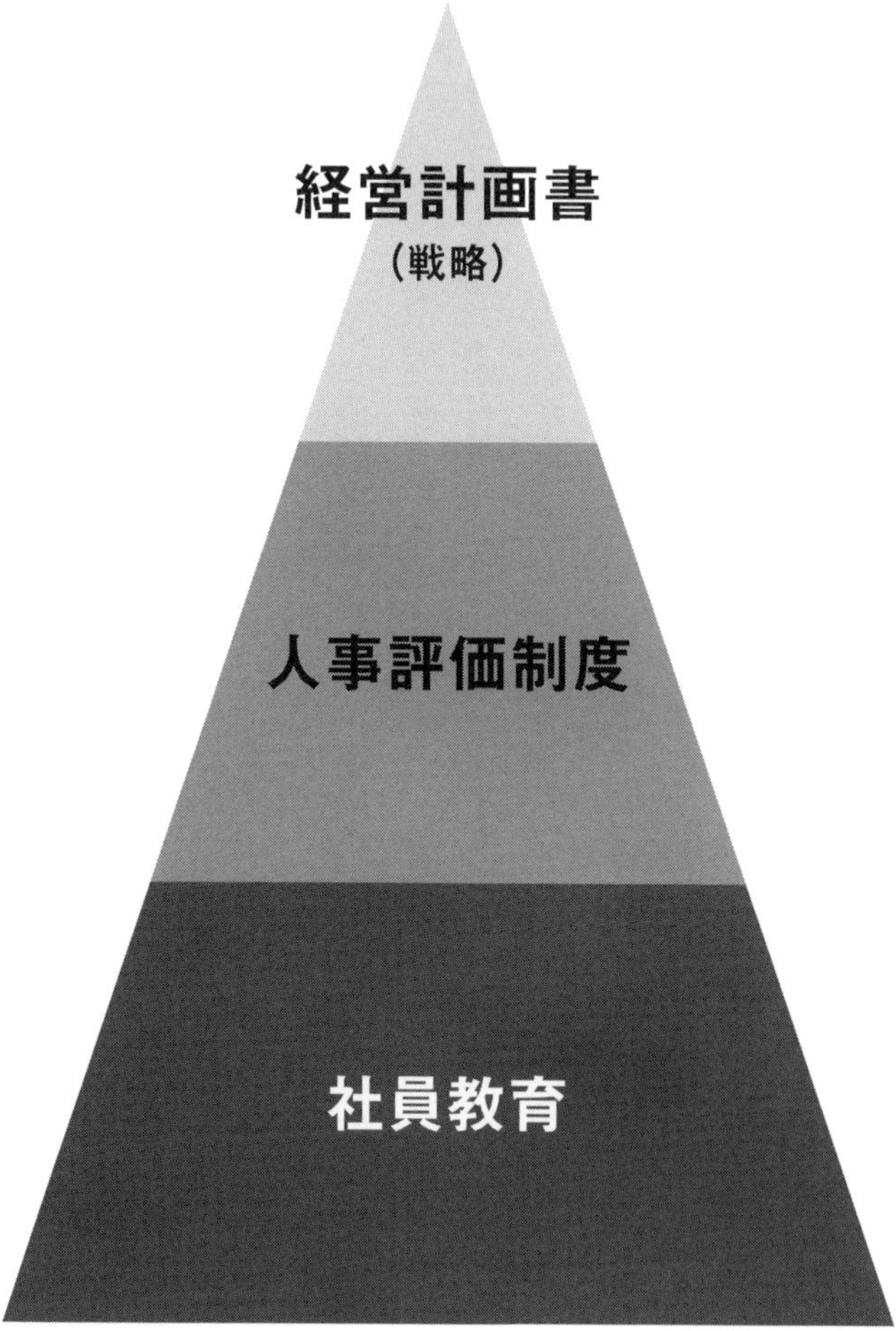

抜いて決めた1つの方針です。

とはいえ、成果が出るかどうかは「戦略確率×実行確率」で変わります。守田がどんなに100点満点の方針（戦略）をつくったとしても、現場の従業員さんが実行してくれなければ成果は出ません。

ここで重要なのが、方針（戦略）が社内の「人事制度の仕組み」と紐づいているかどうかです。先ほどの貴金属の買取に力を入れるという方針が「人事評価制度」と紐づいていなければ、残念ながら現場の実行確率は高まりません。貴金属の買取に力を入れても入れなくても「評価が変わらない」のであれば、わざわざその方針を実行してくれる従業員さんはごく一部でしょう。

しかし、人事評価制度の仕組みと紐づけ「方針の実施を自分ゴト」に変えることができれば実行確率は最大化されます。方針を実行しなければ自分の評価が下がり、賞与が少なく、昇給金額も少なくなるのですから、当然です。

必要なスキル、知識をすぐに学べる仕組みづくり

■確実に学べる仕組みが実行確率を上げる

今期の方針を人事制度と紐づけたとしても、「実行」されなければ成果には結びつきません。では、**人事制度と紐づいているにもかかわらず「実行」されない理由は何でしょうか。その1つの理由が「スキル不足」です。**

「貴金属の買取に力を入れる」という方針があっても、「具体的にどうやって買取に力を入れればいいのだろうか?」「どのように買取を増やすための販促物を作ればいいのだろうか?」といった具体的な行動方法がわからないことで、方針を実行できないケースは少なくありません。

社内勉強会で使用するスライド

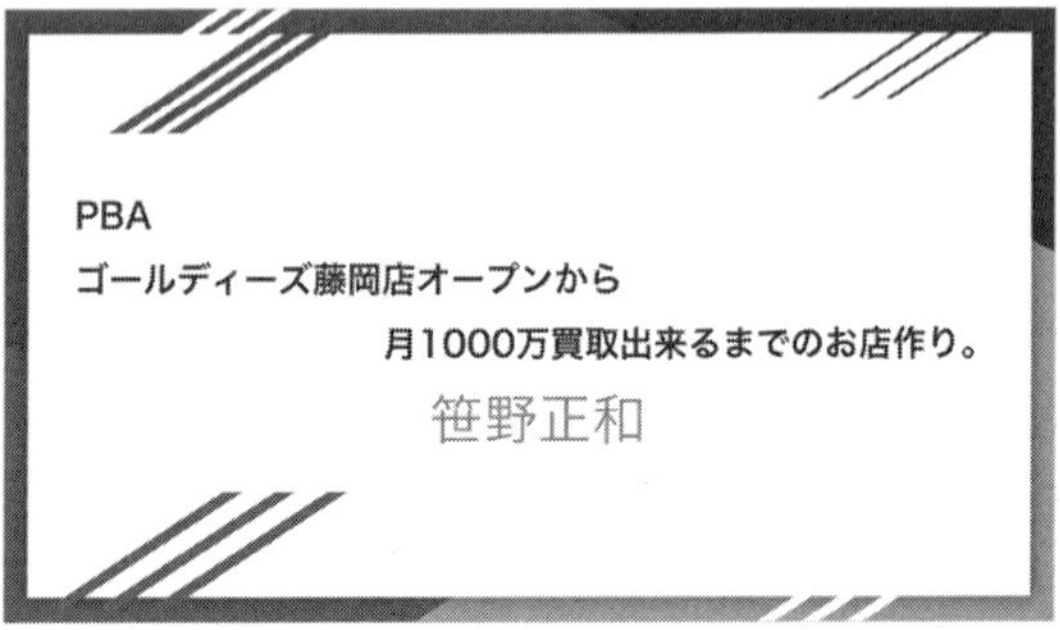

この問題を解決するために必要なのが、これまでお伝えしてきた「スキル教育」と「社員教育の仕組み」です。方針を実行するために必要なスキルを明確にし、それを身につけるための教育の場を提供することで、成果につながる実行力を高めることができます。

例えば、ゴールディーズ業態では、社長執行役の守田が、買取を集めるのが得意なスーパー店長の笹《ささ》野《の》正和《まさかず》と協力し、「買取を集めるための具体的な方法」をテーマに社内勉強会を開催しています。**さらに、社内勉強会の動画はすでに会社全体で「96**

４個」も蓄積されており、社員は「学びたい！」と思ったときに社内教育データベースを検索するだけで、必要な知識やスキルをすぐに学べる仕組みを整えています。

最後に、成果の出る教育の仕組みをシンプルにまとめます。

１「これを行えば成果が出る！」と思える方針（戦略）をつくる

２ その方針を人事制度と紐づける

３ 教育の場を設け、方針が確実に実行できる支援を行う

このように教育の仕組みを設計することで、方針を実行に移せる「成果の出るスキル教育」ができるようになるのです。

第4章のポイント

・社員教育は「人間性向上」と「実務スキルの向上」の2軸で行うことが重要。
・「ニコニコワクワク研修」は、社員の「ベクトル（価値観）」を統一し、モチベーションを高めることで、前向きな社風を育む。
・社長が社員の夢を応援する文化を築くことで、「ベクトル（方向性）」が揃い、モチベーションが向上し、組織の一体感が強まる。
・サンクスカードのような「感謝を伝える教育の仕組み」が、社員のモチベーションを向上させ、組織の活性化につながる。
・スキルアップシートを活用し、必要なスキルを明確化する教育を行うことで、社員が主体的に成長しやすい環境をつくる。
・「車内大学」を活用し、移動時間を学習の場に変えることで、スキル向上と継続的な教育を促進する。
・教育の設計は、「経営計画書→人事評価制度→社員教育」という流れで体系化し、スキル向上とモチベーション強化を両立させることが理想的。

コラム

執筆：吉川充秀

スキルは3つに大別される

スキルという言葉を直訳すると、知識・技術です。その知識・技術を、プリマベーラでは3つに分けています。

1つ目がテクニカルスキル。技術的な知識です。その業界のみで役立つ知識と私たちは定義しています。 例えば、リユースショップの買取の仕事であれば、ルイ・ヴィトンなどのバッグのホンモノ、ニセモノを見分ける真贋鑑定の技術。これがテクニカルスキルです。その業界を離れると、あんまり役に立たないスキルです。

2つ目はポータブルスキル。文字通り、持ち運びできる知識・技術です。これは、ビジネスマンとして、どの業界にいても役立つスキルです。 例えば、ビジネスマンとしてのコミュニケーション能力。コミュニケーション能力があれば、どの業界に行っても、ビジネスに役立ちます。EVERNOTEやNotionを使った、情報を管理する技術なども、業界を超えて役立ちます。

3つ目はライフスキル。これはビジネスだけでなく人間として役立つスキル。 目標達成能力だったり、「素直」なんてことも、ライフスキルの1つです。プリマベーラでは、素直という言葉をこのように定義しています。「いったん、全てを受け止めること」。「受け止める」と「受け入れる」は似ていて非なりです。盲信するのが、全てを受け入れることです。受け止めるというのは、「あなたはそういう意見なんですね」と、自分の心のドアでいったん出迎えるというようなイメージです。それを受け入れて、ドアの中に入れるかどうかは、自分の価値判断で決めます。

なぜ、素直がライフスキルかというと、素直な人は応援されやすいからです。「それ、おかしくない？？？」と否定ばかりする人は、応援されづらくなります。すると、素直というライフスキルを持っていると、仕事だけでなく、どんなコミュニティにいっても、人間関係をうまくやっていく確率が上がります。**日本中どころか世界中でも役立つスキルだと言えるでしょう。**

スキルアップの三角形

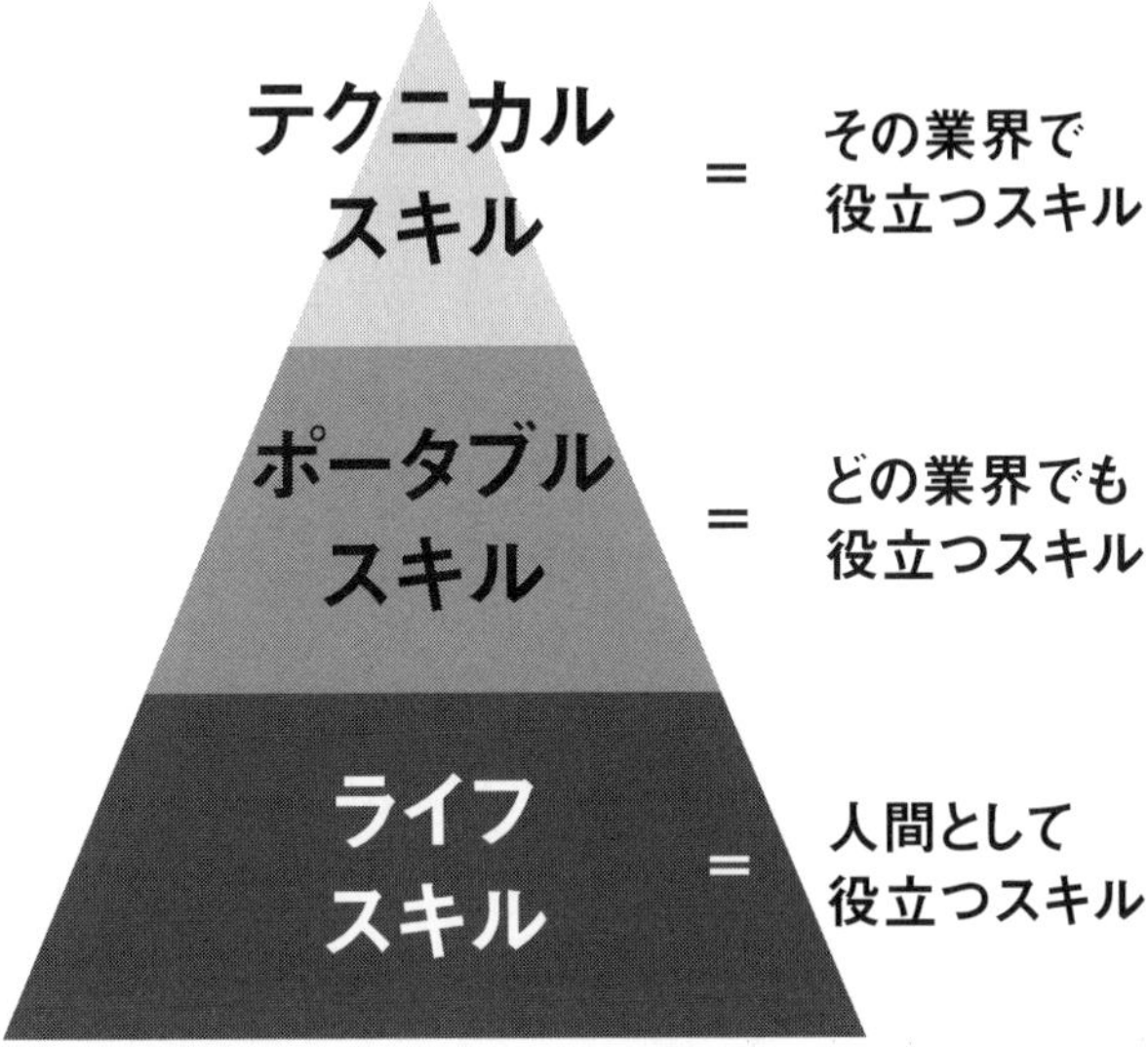

スキル名	具体例
テクニカルスキル	・商品知識 ・真贋の知識 ・売り場のつくり方 etc
ポータブルスキル	・コミュニケーション能力 ・データ分析 ・マネジメントスキル etc
ライフスキル	・自己管理能力 ・家計管理 ・クリティカルシンキング etc

プリマベーラのスキルアップのフレームワーク「安正速楽」

プリマベーラのスキルアップは、この3つにスキルを分類して考えます。**1つひとつのスキルが最大化できるように、プログラムとして仕組んでいます。**テクニカルスキルは、専門分野の技術的な知識、技術ですから、このスキルを身につければ、自分の仕事でのスキルは上がります。古着をネットに出品する業務であれば、出品スキル向上のマニュアルや教育プログラムやＯＪＴ《オンザジョブトレーニング》があるわけです。

そして、スキルアップ教育の基本的なフレームワークを私たちは持っています。それが、「**安正速楽**《あんせいそくらく》」。まずは、安全な方法でやる。例えば、接客業務で言えば、やってはいけないことをしないということです。「お客様には敬語で対応をする」などのようなものです。「そんなことをしたら、お客様からクレームが起きる、危険なことをしない」という意味を込めて「安全」の「安」と言っています。だから、**私たちのマニュアルの最初には、「やってはいけないこと、禁止事項」を入れるようにしています。**

次は「正」、正確な方法でやる。最初は、マニュアル通りにやるということです。守破離の「守」ですね。マニュアルには、今までの経験上培ってきた、その時点でのベストの方法が載っています。なにしろ私たちは、毎日のようにマニュアルをよりよいものに書き換え続けていますから。なので、まずはマニュアル通りに、接客をするわけです。「いらっしゃいませ、こんにちは」「ありがとうございました。ご不要な本、DVDがございましたら、喜んで買取させていただきます」。これを正確に口をついて言えるようにします。

その次のステージが「速」です。スピードを上げていきます。ネット出品業務だったら、1つの古着を10分で出品できたら、それを9分、8分に縮めていきます。すると、作業生産性が上がり、より成果が出るようになります。まさにスキルアップですね♪　このレベルになると、自分なりの優れた方法を見つけるか、マニュアルに載っていない優れた人のマネをする必要があります。

そして、最後のステージが「楽」です。こうやって仕事をすると、どんどん楽しくなるよということです。私たちの会社でいう、**「成長」とは何か。昨日までできなかったことができるようになることです。**だとしたら、速度がどんどん上がれば、「自分って、できる人かも」と思えて自信がついてきます。そして、**「出品スピード日本一」なんてその従業員さんに日本一宣言をしてもらって、もっと調子に乗ってもらいます**（笑）。そして、私たちマネジメント側が、さらにはやし立てます。

「出品のスピードを速くしたいなら、ベクトル高崎高関店の柄澤《からさわ》さんに聞いたほうがいい。めっちゃ速いから」

「今度、柄澤さん、プリマベーラの出品スピードを上げる勉強会の講師をやってくれない？」

いつしか一スタッフが、先生になります。こうなると、**仕事のうえでの自己実現ができている**状態になります。仕事がぜん楽しくなりますね。自己実現とは、なりたい自分になることですから。**自分の得意なことで、自分が認められて、周囲にその技術を教えることで、喜んでもらえる。こうやって「働きがい」をつくっていくのです♪**

3つのスキルをバランスよく教育する

プリマベーラにはプリマベーラビジネスアカデミー、ＰＢＡという、独自の教育のプログラムがあります。簡単に言うと、**社内で、何かのプロ、または得意な人、または、社外で勉強してきた人たちが、社内の同僚や仲間に教えるというプログラム**です。このプログラムは、たくさんのスキル教育の場になっています。結論を言えば３つのスキルで、混成されています。例えば、アンガーマネジメント。怒りをマネジメントするのは、ライフスキルと言っていいかもしれません。怒りを上手にコントロールできたら、人間社会で円滑に人間関係を築ける確率が上がりますね。

「そんなの通常業務と何の関係もないだろう？」と言って、私たちの会社ではＮＧを出すことはありません。なぜなら、**私たちの会社の人財育成のゴールは、成果と人間的成長の両立だからです。**成果を出せる人財にすることは大切です。自分の業務で成果を出せるようになるには、主としてテクニカルスキルが有効です。自分の業務のスキルアップに役立つことを学ぶのですから。

一方、人間的成長をさせるのであれば、ライフスキルが重要になります。人間として役立つスキルです。

テクニカルスキル、ポータブルスキル、ライフスキルと、成果、人間的成長のバランス

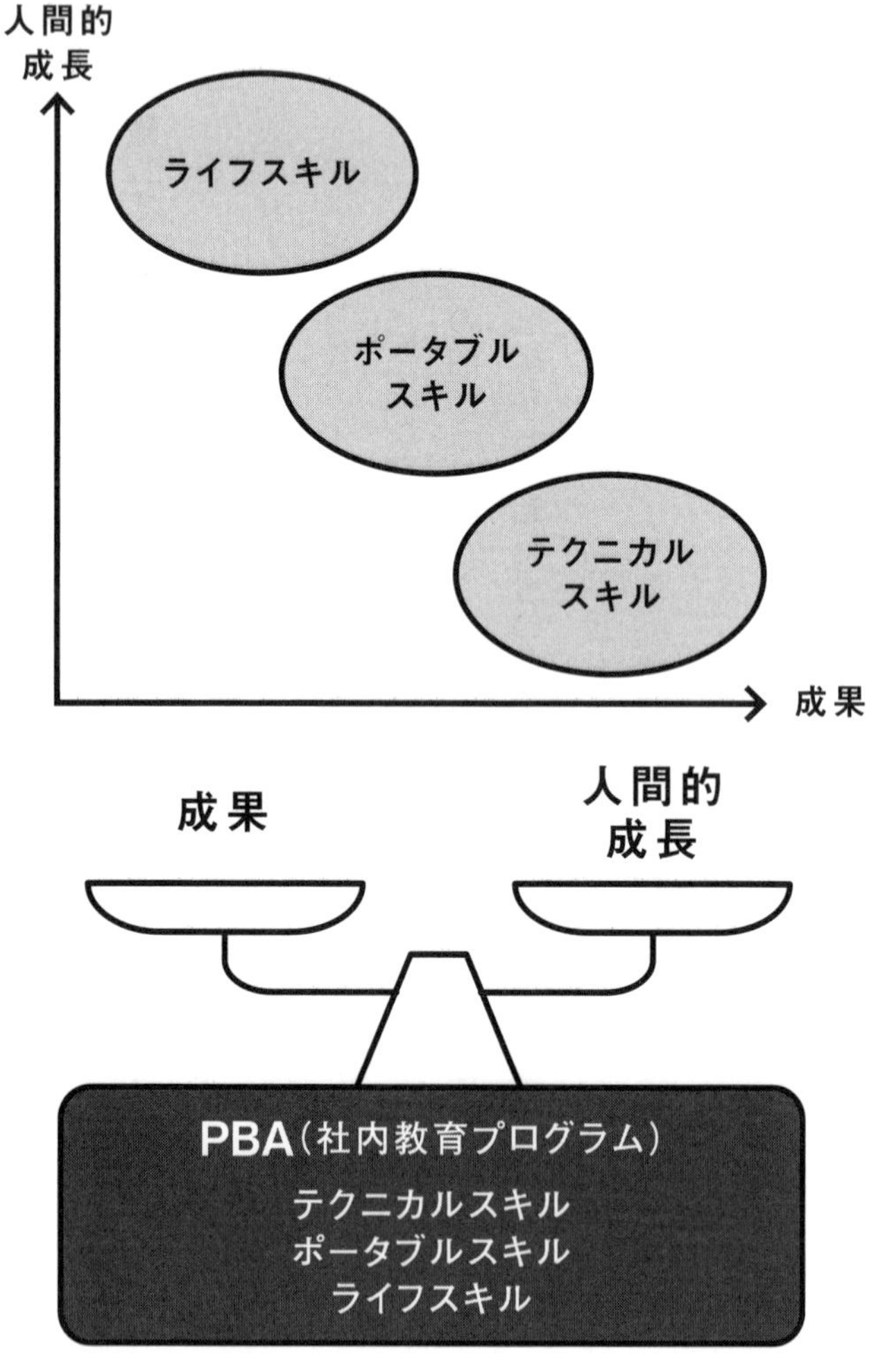

「売上」や「利益」を数字が嫌いな従業員さんが腹落ちするように語る

数ある研修の中でも、プリマベーラの従業員さんがライフスキルを磨くのに、うってつけのものは何か。それが、ニコニコワクワク研修です。この研修は2008年から始まり、それ以来毎年年末、恒例で行われる研修です。私が現役社長のときに、**社長としての通信簿は2つあると思っていました。1つは成果を出すこと。通信簿は決算書です。**私たちは増収増益を旗印に、毎年増収増益を目標にしてきました。その結果、15期連続増収増益記録を現在も更新中です。

では、成果さえ出せばいいのか？　私は、**会社の目的は、経営理念の実現にこそあると**考えています。私たちの会社の経営理念は大きく3つのパートに分かれます。まず1つ目が、「お客様によろこばれる仕事を通じて」というパート。つまりは、お客様に喜ばれる仕事をする。そして、その結果が売上です。**売上とは、お客様の満足料だ**と、私たちの会社では定義しています。お客様の満足が減れば、売上が下がる。だから、減収とは、お客様満足度の減少と見なしています。

一方、**利益とは何か。お客様へのお役立ち料**と私たちはとらえています。原価よりも高い値段で、お客様はなぜ買ってくれるのか。売上と原価の差額である利益、その分の私たちのサービスが認められたからだと考えています。40で仕入れたものが100で売れて、60の利益がでたということは、私たちが販促費をかけて古着を集めてその中から、売れるものを見定めて、その洋服をキレイにして売場に上手にならべて、ポップを書いて……というお役立ちが認められたから、40のものを100で買ってもらったと見なすわけです。

だから、増収増益とは何か。お客様満足料が上がり、お客様へのお役立ち料も増やせているという理想の状態だ、というのが私たちの定義です。このように、**従業員さんに「売上とは」「利益とは」ということを、シンプルに伝えることをオススメします。すると、従業員さんも、数字を追うこと、売上を追うこと、利益を追うことを悪だとか、あこぎなことだと考えることが減ります。**

このロジックを使って、プリマベーラでも、売上の話や数字の話が大嫌いだった、整骨院の国家資格者のみなさんを、次々に成果脳にしてきました♪ この売上と利益の定義は、従業員さんが腹落ちしやすく、オススメ中のオススメです。かっこよく言えば、**そろばんに論語を掛け合わせているわけです。**そろばんの話が嫌いな人には、論語を語って、「**お金を儲けるということは、お客様に喜ばれることなんだよ**」と教えてあげる。つまり、増収増益を果たすということは、お客様満足度が上がり、お客様へのお役立ちが上がる。すなわち、お客様に喜ばれることに他なりません。つまりは、**増収増益こそが経営理念実現のバロメーターなのです。**そして、こういうロジックを、手をかえ、品をかえ、ことあるごとに、社長や上司は、勉強会で伝える必要がありま す。そうしないと、このロジックは、腹落ちしません。そして、**このロジックが腹落ちすると、従業員さんのベクトルが合い、お客様第一主義になり、成果脳集団になります♪**

会社の目的は経営理念の実現である

私たちの会社の2つ目の理念が、「働く社員の生活の安定と生きがいを創出し」という部分です。生活の安定とは何か。「年収を安定的に引き上げていくこと」と定義しています。給料は昇給で上がり、賞与は年々増やしていく。これが私たちの生活の安定です。そして人件費の原資は何か。売上ではなくて利益です。だから、自分たちの暮らしをよくするには、無駄に安く売って、お客様の満足料を増やすことでは実現できない。**お客様になるべく高く買っていただき、利益である「お客様へのお役立ち料」を増やしていく。すると、人件費の昇給、賞与の原資が確保できる。こんな教育をしていくわけです。**

一方、生きがいの創出も定義しています。**生きがいとは、自分が「誰かに」喜ばれて、成長を実感できること。**働きがいとは、自分が「お客様に」喜ばれて、仕事を通じて成長を実感できること。生きがいは、誰かに喜ばれて人間としての成長を実感できること。経営理念の中に、「働きがい」という言葉を使わずに、生きがいという言葉を意図的に使っています。**プリマベーラという会社では、テクニカルスキル以上に、ポータブルスキル、ライフスキルを身につけてほしいという決意の表れ**でもあります。

そして、**この生きがいの創出の代表が、ニコニコワクワク研修です。**

ちなみに、プリマベーラの3つ目の理念は「世のため人のために貢献する」、社会貢献をうたっています。この経営理念は、決して奇をてらっていません。どちらかと言うと、シンプルで地味です。私たちの会社は、「プリマネーラ」です（笑）。経営理念すら人の会社のものをマネします。マネをして、少しだけ改良して自分も腹落ちしたものが、今の経営理念です。

この理念の話を聞いて、「プリマベーラの理念は、結構深く考えているなあ、それを拝借しよう」、そう思ったら、ぜひ、理念ごとパクっていただいて結構です♪　ロイヤリティも一切いただきませんから（笑）。だって、プリマベーラの経営理念も、他の会社の理念の寄せ集めでできあがっていますから。ただ、そのあとがちょっと違うのは、**社長であった私が理念体現人間として、徹底して「人が異常だと思うくらいに、理念を大切にして、体現してきた」ということです。**

改めて、**会社の目的とは何か。経営理念を実現することである。**古田土会計事務所さんの古田土《こだと》満《みつる》所長から教えてもらいました。こう考えると**理念はお題目ではなく、血の通った、崇高でありなおかつ現実的な指針になります。**

ニコニコワクワク研修で伝えている3つのこと

話が脱線しました（苦笑）。**社長としての通信簿のもう1つは、社員満足度です。**

「この会社に入ってよかった」。そう思える人を増やすことです。私たちは、風土調査表という社員満足度アンケートを十数年続けました。アンケートを集計すると「この会社に入ってよかった」と思ってくれる人が毎年毎年増えていきました。ところが、この「社員満足度」はクセモノです。どんなにいい会社にしても、満足してくれないマイナス思考の人がいます。マイナスな点ばかり見て、会社の重箱のすみをつつくようにして、総じて満足していても不満な点にフォーカスするわけです。心のコップが塞がっているひねくれやさん、あるいは、競争社会で、落ちぶれてしまった被害者たち。こんな人は、被害者意識を持っているので、なかなか幸福を感じてもらえません。

それに気づき、2008年から、年に1回、ニコニコワクワク研修を開催しました。ここで伝えているのは大きく3つです。

1つ目は、**「人生はものの見方、考え方で決まる」**ということ。被害者意識を持っていると、どんなに幸せになれないかということや、ものごとを前向きに捉えることのメリットをあの手、この手を使って説明します。大脳生理学や行動科学などを駆使して、伝えるわけです。

2つ目は、**「人生は習慣で決まる」**ということです。いわゆる、よい習慣、悪い習慣を繰り返せば、その通りの人間になります。だから、習慣に気をつけよう。むしろ、その習慣を意図してつくろうというものです。

そして3つ目が、**「せっかく生きるなら、目標をつくろう」ということ。**従業員さん全員に、人生の目標をつくってもらいます。紙に書いて目標を持っている人は人口のわずか3%と言われています。そして、たったこれだけで、いわゆる人生の成功確率が上がります。**人生の目標設定をするだけで、プリマベーラの従業員さんは公私ともに、充実して幸せ、そして成功者になる確率が高くなるわけです。**

ニコニコワクワク研修のすごい効果

会社の業績＝スキル×モチベーション×ベクトルという、マネジメントの方程式から、このニコニコワクワク研修の効果を見ていきます。

まずは、ベクトルを合わせる効果があります。従業員さんの足並みが合ってきます。もし、チームでやる気がない人、いわゆるへそ曲がりがいたら、そのチームの足を引っ張ります。また、心のコップが塞がっていて、何をやっても反対をして、不平不満をいう人がいても同様です。

ところが、ニコニコワクワク研修をすると、**前向きな人が増えます**。前述のように、人は雰囲気やムードに染まっていきます。つまりは、前向きな人が大多数だとそちらにベクトルが合ってきます。すると、足並みを揃えてくれない、いわゆる「イヤなヤツ」が減ってきます。

私たちが利根書店というビデオショップの新店の開店準備をすると、ビデオメーカーの営業さんが売場づくりに応援しに来てくれます。そんな時に彼らが口を揃えて言うのは、「プリマベーラの従業員さんは、みなさん前向きだから、利根書店に来るのが楽しみ。業界全体が右肩下がりだから、利根書店さん以外のお店に行くと、マイナスな話ばかりになるんですよね」と。

開店準備中は、おしゃべりOKです。ところが、私たちを褒めてくれる、メーカーの営業さん同士の話を聞いていると、人のウワサ、会社への不平不満、上司の陰口が多い（苦笑）。一方、プリマベーラの従業員さんは、笑い話をして、陰口はほとんど聞こえません。ニコニコワクワク研修で、「プラスの点を見る」ということを伝えていることと、人財への10ヵ条で「愚痴、陰口を言わない」と毎日の朝礼で唱和をしている、その効果が大きいと言えます。

ちなみに、「人財への10ヵ条」は、毎日の朝礼で、経営理念と一緒に唱和しています。この10ヵ条をつくってから20年。一部文面を変更したことは何度かありましたが、20年間ほぼそのまま踏襲しています。なぜ続けているのか。それは、**「成果が出続けているから続けている」のです。変わらないものこそマネる対象です。**ちなみに、前述した「素直」も10ヵ条に入っています。「プリマベーラの10ヵ条、気になる！」という人は、プリマベーラのバックヤードツアーに来て、どんなものかを見てみてください。今まで、多くの会社さんが、プリマベーラの10ヵ条をそのままマネしてくれています♪

個人の目標と会社目標が自然と統合される恐るべき効果

ニコニコワクワク研修は、モチベーションアップにも絶大な威力を発揮します。人は、「頑張れ」と言われて頑張れるものではありません。仕事で、5年、10年、20年働き続けるには、それなりの動機づけ、必要性、モチベーションが大切です。**研修の効果を最大化するには成果物をつくらせることです。**例えば、経営合宿に行ったら、経営計画書という成果物ができた。２００万円も払った経営合宿でも、成果物ができたら、満足度も上がるし、その**成果物を使い続ければ、研修効果はさらに上がります。**

同じようにニコニコワクワク研修のゴールは1年後、3年後、10年後、30年後の「ありたい姿」すなわち目標をつくることです。しかもそれを多面的に、個人、家庭、会社という3本の柱からつくります。例えば、「ゲーミングPCが欲しい」という個人の目標があれば、ゲーミングPCが欲しいから、仕事を頑張る、そんなモチベーションになります。家庭の目標があれば、家族で海外旅行に行きたいから仕事を頑張る、そんなモチベーションになります。そして、**個人の目標も家庭の目標も結果的には、**

金銭にダイレクトに響く会社目標を達成することで、多くの場合なしとげられます。

つまりは、**個人目標と会社の目標が結果的に統合されるという、マネジメント側からすると理想の状況を生みます。**

会社の目標としては、A評価をとる、社長賞を取る、3グループに昇進する、賞与を○○万円にする……。この目標を達成したい理由が、個人目標であり家庭の目標です。つまり、働くモチベーションが二重、三重になるわけです。自分のためだけだと頑張りきれない、ところが、家族のためなら頑張れる。そして、個人や家庭の目標を達成することと、会社の目標を達成することが自然とニアリーイコールになっていく。

しかも、プリマベーラではその**目標を絵や写真にして朝礼で毎日見てから仕事をします。**朝からワクワクして仕事をする確率が上がります。「夏休みに家族で台湾旅行にいって、鼎泰豊（ディンタイフォン）の小籠包を食べまくるぞ！　そして、評価が上がればもう1つ上のクラスのホテルに泊まれるかも！」。私たちは、**ワクワクという言葉も定義しています。ワクワクとは、明日に恋することです♪**

毎年、こうやって目標を書き換えて、自分が働く理由、頑張る理由をつくり続けている人と、漫然と働いている人とでは、どちらがモチベーション高く、明日に恋して働けるでしょうか？　毎日、朝礼で自分のワクワクする目標を見て仕事をする人と、そうでない人とでは、どちらがモチベーション高く、明日に恋して働けるでしょうか？

この研修を２０１０年ごろから、社外のお客様にも公開してきました。その結果、プリマベーラの**ニコニコワクワク研修をたくさんの会社がマネをしています。それだけ「効果的」な研修だから**ですね♪　従業員さんが、個人目標、家庭の目標を叶えるためには、会社の目標達成を頑張ってくれる。それが原動力になって、増収増益も達成できる。しかも、従業員さんの中から**「この研修で、自分の人生が変わった」と言ってくれる人が続出**しました。つまりは、社長の通信簿で言えば、業績が上がって増収増益を果たして、決算書がよくなると同時に、「この会社で働いてよかった」と思ってくれる従業員さんが増えて、従業員満足度が上がるわけです♪　**成果と従業員さんの幸せをダブルで叶える魔法のような研修と言えるでしょう♪**

ショックとリピートをセットにして研修効果を最大化させる

ニコニコワクワク研修は、ベクトル合わせ、モチベーションアップにも効果がありますが、スキル面、すなわち**ライフスキルを上げる効果**もあります。つまりは、**スキルを磨き、モチベーションを高め、ベクトルを合わせるという、方程式の3つの要素を兼ね備えている研修です。**私が現役の経営者だったときには、夏の7月、決算の翌月に開催する経営計画発表会、政策勉強会、年末の冬には、このニコニコワクワク研修に、全身全霊をかけて、エネルギーを注ぎました♪

しかもニコニコワクワク研修は、最初の数年間は、同じ内容を6日に分けて、ワンマンセミナーで伝えてきました。5時間×6日（苦笑）。また、逆にこんなセミナーをアウトプットとして続けてきたからこそ、私自身幸せの研究をすることができました。この研修の集大成のような本が、私の著書『自分で自分の機嫌をとる習慣♪』（かや書房）です。永遠のテーマである「幸せ」を「機嫌」に因数分解して、誰もが実践できるような「具体的な習慣」として、シンプルに論じています♪

ニコニコワクワク研修は、ショックとリピートという面でも優れています。ニコニコワクワク研修は、ショックを与える場です。「自分がブツブツイライラして、不機嫌だったのは、こういう考え方をしていたからなのか。まさか自分が『のにのに病』だったのか」ということに気づきます。「今後は、知らないうちに繰り返していた『のに』を言わないで、前向きになろう」。そんなことに気づき、120個の目標をつくります。そして、その目標を毎日朝礼で見て、自分がどのくらいできているかの進捗をチェックしていきます。そのチェックの時間も朝礼であえてとっています。

こうやって、**研修で一時的なショックを与える。**そして、**朝礼で目標を見て進捗管理をすることで、リピートしてコツコツ続ける。人はショックかリピートでしか変わりません。研修効果を最大化するには、ショックとリピートをセットにすることです。**

こうして、「人が変わる」お手伝いをしているわけです♪

第5章

2・56倍の「やる気」の差がつくモチベーションを高める仕組み

執筆：松田幸之助

「やる気の法則」から仕組みを設計する

■自発的な仕事は、指示された仕事の2・56倍生産性が高い

第3・4章では、マネジメント方程式「業績＝スキル×モチベーション×ベクトル」のうち、スキルアップの仕組みについて解説しました。**本章では、この方程式の2つ目の要素である「モチベーション」に関する仕組みを紹介します。**

私たちが考えるモチベーションの定義から始めます。

私たちはモチベーションを「ニアリーイコール・コミュニケーション」と考えています。そして、モチベーションとはシンプルに「やる気」と捉えています。その理由

を、これから詳しく解説していきます。

そもそも、なぜ、モチベーションが成果につながるのでしょうか。

私たちには**「モチベーションが高い組織は成果を生む」**という確信がありますが、それは単に仲良しクラブをつくればいいという話ではありません。モチベーションが成果に直結する理由を、**船井総合研究所の創業者である船井幸雄氏が提唱した「やる気の法則」をもとにご説明します。**

やる気の法則

この法則では、仕事の成果や効率が、取り組む人のやる気や主体性によって大きく変化することを示しています。

1【いる気社員】指示されて行う仕事：人から指示を受けて行う場合の成果や効率を「1」とします。

2【やる気社員】納得して行う仕事：指示を受けつつ、その目的や意義を理解して取り組む場合、成果や効率は「1・6倍」になります。

3【その気社員】自発的に行う仕事：自ら計画し、主体的に取り組む場合、成果や効率は「2・56倍（1・6の二乗）」に向上します。

この法則をベースに、私たちはモチベーションを高める仕組みを設計しています。そして、モチベーションを高めることで、組織全体の生産性を飛躍的に向上させることができるようになります。

モチベーションの高い集団がもたらす成果を考えてみましょう。

「いる気社員」で成果が「1」の人の集団と、「やる気社員」で成果が「1・6」の集団。そして、「その気社員」で成果が「2・56」の集団では、生産性や利益率に大きな差が生まれます。

例えば、「いる気社員」で成果「1」の人が10人いる組織と、「やる気社員」で成果

「やる気の法則」とは

やる気（モチベーション）の大きさ

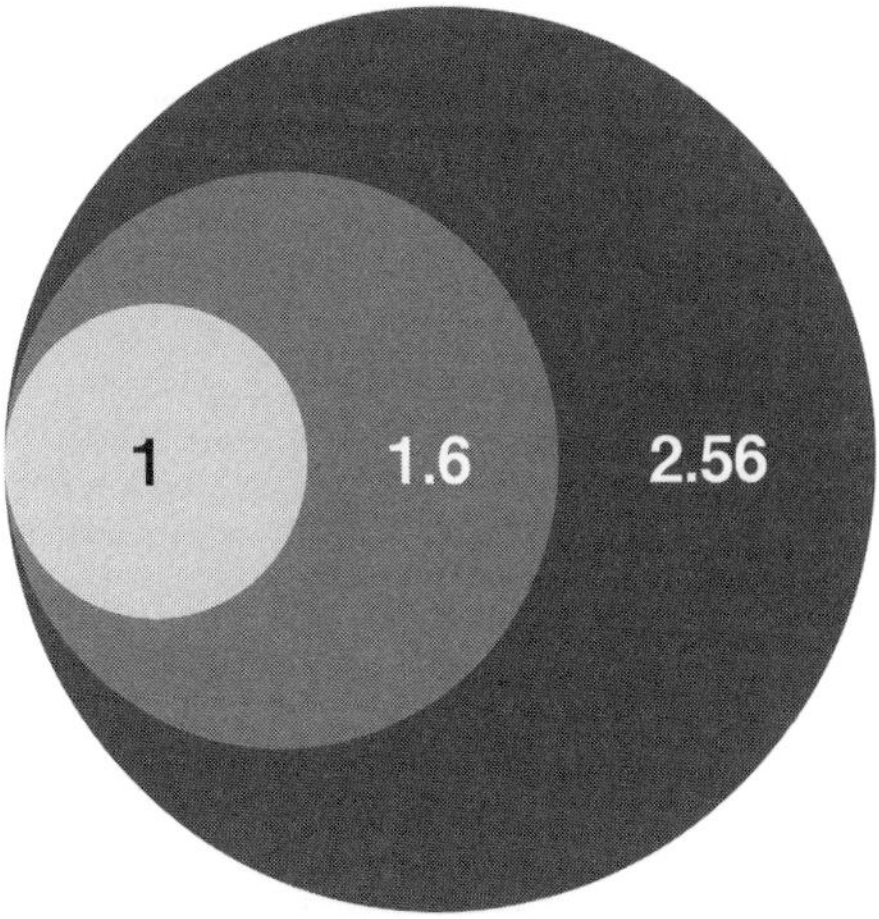

- 無理やりやらされる：1
- 目的を理解してやる：1.6
- 自発的にやる：1.6の二乗（2.56）

が「1・6」の人が7人いる組織を比較した場合、後者の方が生産性が高くなります。この場合、3名分の人件費を最適化することができ、その分を従業員への利益還元や会社の成長に充てることが可能になります。

「やる気の法則」をもとにしたモチベーションアップの取り組みは、組織全体のパフォーマンスを向上させるだけでなく、従業員への利益還元にもつながります。

本章では、このモチベーションを高める具体的な仕組みについてさらに掘り下げていきます。

コミュニケーションとは実行確率を上げる手段

■コミュニケーションの目的とは

モチベーションと切っても切り離せないものが「コミュニケーション」です。コミュニケーションの取り方ひとつで、ハラスメントだと受け取られたり、そこまでいかなくても相手のモチベーションを下げたりすることは少なくありません。昨今、コミュニケーションの重要性はこれまで以上に注目されています。

しかしながら、コミュニケーションの重要性が叫ばれる一方で、その「目的」を見誤っているケースも見受けられます。例えば、社内コミュニケーションを活性化すれば「業績がよくなる」と盲信して取り組むことには、注意が必要です。

マネジメントの目的は「実行確率を上げること」です。であれば、コミュニケーションの目的もまた「実行確率を上げること」にあります。

社内コミュニケーションがしっかり取れているからこそ、報告がスムーズに上がる。実施がスムーズに進む。こうした状況が整えば、「報告・実施・決定・チェック」がスムーズに回り、組織全体の実行力が高まります。

コミュニケーション研修が無駄だと言いたいわけではありません。私たちもコミュニケーションを「非常に重要なもの」と考えています。

ただし、**「コミュニケーションさえよくすれば成果が出る」という考え方には賛同できません。事業成果を最大化するためには、コミュニケーションを「実行確率を上げるための手段」として捉えることが重要です。**

情と報のやり取りでコミュニケーションを活性化させる

■「報告」の実行確率を上げる方法

私たちがコミュニケーションを取る際に大切にしている考え方の1つが、**「情と報の三角形」**です。先ほどお伝えしたように、コミュニケーションとは「実行確率」を上げるための手段です。この「情と報の三角形」は、特に「報告の実行確率」を上げるための方法を図式化したものです。

私たちのベクトル用語集では、コミュニケーションについて次のように定義をしています。

【コミュニケーション（1）】
感情と報告のやりとりです。「情」と「報」に分かれる。情という土台があってはじめて、報告が流れる。まずは情を築く。それから仕事が円滑に進むのです。

【コミュニケーション（2）】
コミュニケーション＝会話回数×会話内容。量×質。量である回数を重視する。雑談で会話回数を増やし、さし飲みで深い話をするとよい。

例えば、仕事でミスをしてしまったとき、「上司に報告するのが億劫」になることがあります。しかし、普段からコミュニケーションが取れている上司であれば、すぐに報告し、解決策を一緒に考えることができます。

一方で、コミュニケーションが不足している上司の場合「怒られるかもしれない」「どう言えばいいだろう」と悩み、1時間、2時間、時には数日報告が遅れてしまうこ

情と報の三角形

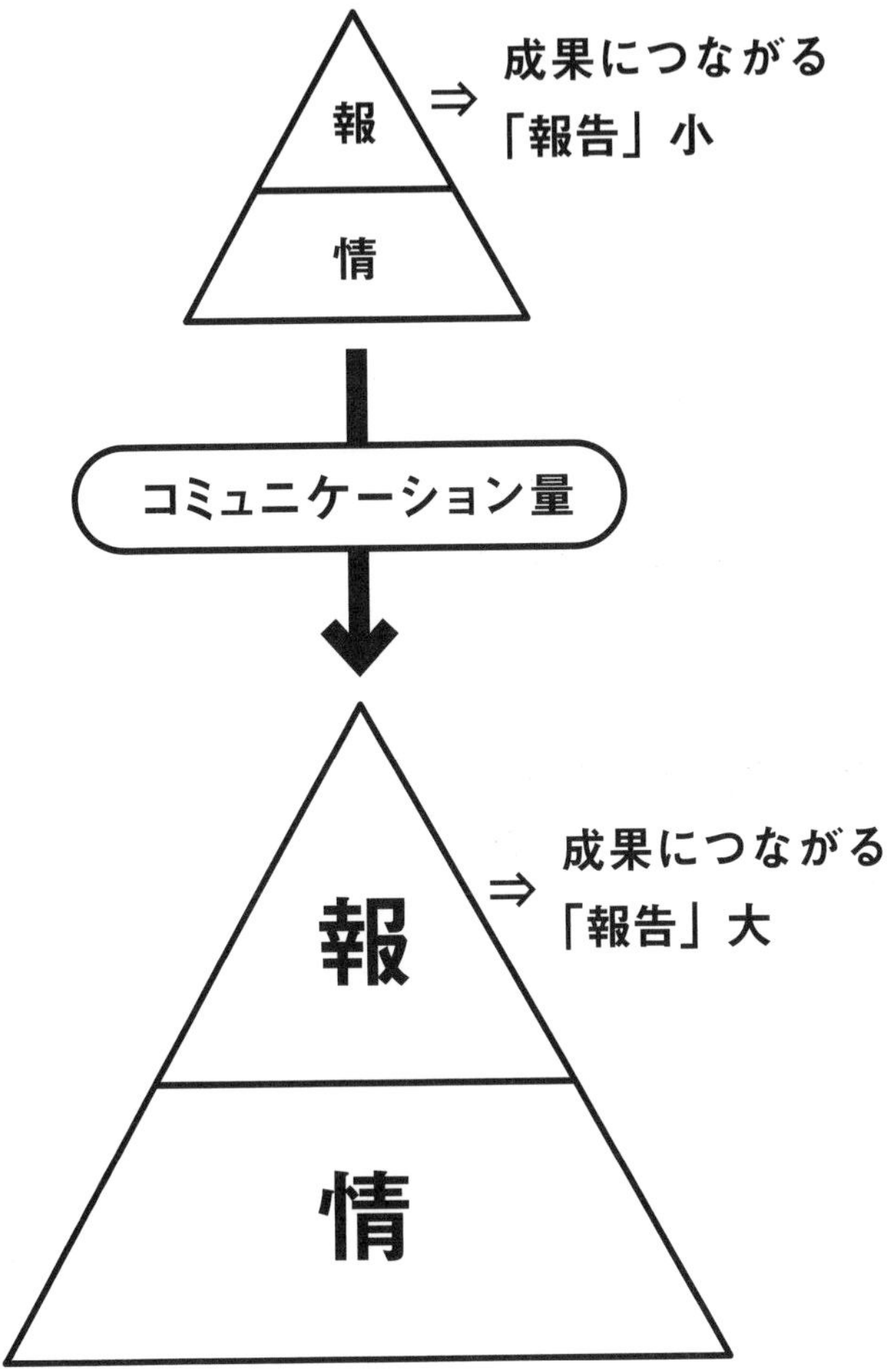

ともあるかもしれません。

　このような情報の流れを、私たちは「情」と「報」で分けて考えています。普段からしっかりとコミュニケーションを取ることで、「情という感情」の土台を築いておく。この感情の土台がしっかりとできていると、その上に「報という仕事上の報告」がスムーズに乗るという考え方です。


　仕事でミスをしてしまった場合でも、「情という感情」の土台ができている相手であれば、「報という仕事上の報告」が滞ることなく行われます。つまり、コミュニケーションの本質は、この「情という感情の土台」をどれだけ広くつくれるかにかかっています。土台が広ければ広いほど、報告もスムーズに集まり、組織全体の成果につながります。

　この考え方を視覚的に表現したものが「情と報の三角形」です。**コミュニケーションとは、単に情報を伝えるだけでなく、感情的な信頼関係を土台に構築し、その上に仕事の報告や指示を乗せていくことが、成果を上げる鍵となるのです。**

グッドアンドニューの仕組みでコミュニケーションの量を増やす

■コミュニケーションの量は仕事以外の話をする回数

従業員の皆さんのモチベーションを上げるためには、コミュニケーションが非常に重要です。では、どのようにコミュニケーションを取ればよいのでしょうか？

プリマベーラでは、コミュニケーションを「量と質」の両面で捉え、これを重視しています。

まず、コミュニケーションの量とは、**「仕事以外の話をする回数」**のことです。仕事のやり取りにおけるコミュニケーションはどの企業でも行っていますが、仕事以外の話となると、十分にできているとは言い難い場合があります。

とはいえ、日常的に仕事以外の話をするのは難しいと思う方もいるでしょう。そこで私たちが導入しているのが**「グッドアンドニュー」**という朝礼の仕組みです。

グッドアンドニューでは、「24時間以内にあった良かったこと」を仲間に共有するというルールで運営しています。この仕組みを朝礼に取り入れることで、仕事以外の「意外な一面」を知ることができるのです。例えば「本間宗一郎《ほんまそういちろう》さんはサウナにハマっているんだ」「小暮克也《こぐれかつや》さんはウイスキーに興味を持ち始めたんだ」というような話題が出てきます。

このような仕事以外の話をすることで、社内のコミュニケーションが円滑になり、相手に対する親近感も生まれます。また、朝の憂鬱な気持ちが楽しい気持ちに切り替わり、ポジティブなスイッチが押されるため、非常におすすめの仕組みです。

さらに、このグッドアンドニューを「毎日」行うことで、自然とコミュニケーションの量を増やすことができます。

仕組み化で朝礼の価値を最大化する

■朝礼を一石三鳥の場にする

読者の皆様の会社では「朝礼」を行っていますか？

朝礼を取り入れている企業は多いと思いますが、その朝礼には意外と多額の「人件費」がかかっていることをご存じでしょうか。

私たちプリマベーラでは、1日に約250名が朝礼と夕礼を行っています。朝礼が1回15分だとすると、1日あたり3750分の時間を朝礼に使っている計算になります。さらに、年中無休で365日行っているため、年間では「136万8750分」、

つまり「2万2812時間」を朝礼に費やしていることになります。もしこの時間を時給1500円で換算すると、年間でなんと「3400万円」もの投資を朝礼にしていることになるのです。

では、この3400万円の投資は果たして妥当でしょうか？

私たちは、どうせ毎日朝礼を行うのであれば、朝礼を「教育の時間」にも活用しようと考えました。現在では、グッドアンドニューを**「30秒以内で話をまとめる練習の場」としても活用しています。ただの脈絡のない話をダラダラとするのではなく、簡潔に情報を共有する「スキルを磨く場」としています。**

このように、普段何気なく行っている取り組みも「数字」で考えることで、より冷静にその価値を検討することが可能になります。

さらに、**私たちの仕事の考え方には「一石三鳥」という言葉があります。どうせ何かを行うなら、その効果を「3倍」にしようという発想です。**

グッドアンドニューを「コミュニケーションの場」だけにとどめず、「教育の場」にも活用する。そして、話す内容だけでなく、言葉のトーンや表情を通じて、従業員の体調管理とモチベーションの確認も行う。このように、**一石三鳥の考え方で仕組みを整えることで、さらなる成果につながる仕組みに進化させていくことができます。**

朝礼ひとつとっても、**工夫次第でコミュニケーション、教育、モチベーション管理のすべてをカバーする貴重な時間に変えることができるのです。**

さし飲みの仕組みでコミュニケーションの質を深める

■さし飲みで成果を上げる自己開示の仕組み

コミュニケーションは量も重要ですが、同時にその「質」を高める必要があります。ここで言う**コミュニケーションの質とは「深さ」のことです。**朝礼でのグッドアンドニューや雑談などで量を確保することは可能ですが、それだけでは深い話をするのは難しい場合もあります。

そこで私たちは、従業員との1対1の飲みの場、**「さし飲みの仕組み」**を導入しています。1対1だからこそ、仕事の話やプライベートな話まで、多岐にわたる深い会話が可能になります。

ただし、1対1で飲むだけだと、深いコミュニケーションを取るという意味で十分ではありません。その効果を最大化するために、さし飲みの際に**「自己開示の仕組み」**を取り入れています。自己開示とは、自分の内面を相手にさらけ出すことで、コミュニケーションにおける信頼関係を築く鍵となります。自分が自己開示をすればするほど、相手もそれに応じて自己開示をしてくれるのです。

上司が100自己開示すれば、部下も100自己開示してくれる可能性がありますが、上司が30しか自己開示しなければ、部下も30までしか心を開いてくれません。しかし「自己開示をしてください」と言われても、自然にできる人は少ないのが現実です（自分の趣味や自慢話を一方的に語るだけの上司もいますが……）。

そこで、プリマベーラでは**「自分の取扱説明書（取説《とりせつ》）」**を作成し、この取説を活用してさし飲みを行う仕組みを導入しています。この取説には、以下のような内容が記載されています。

・自分の特技や強み
・褒められると嬉しい言葉
・やる気の出る環境
・過去の私と未来の私（自分の年表）

取説を見るだけで、その人がどういう人かが一目でわかるようになっており、さし飲みの際には、上司がまずこの取説をもとに、自分のプライベートの話や仕事で辛かったときの話をすることで自己開示を行います。その後、部下に話を振ることで、自然と同じように自己開示が行われ、深い話ができるようになります。

また、この取説は全社員が作成し、アルバイトを含む全従業員が閲覧可能です。店長が人事異動で変わる際も、事前に新しい店長の取説を見て「こんな人なんだ」とわかれば、現場のアルバイトスタッフも安心できます。この取説の仕組みは、信頼関係の構築だけでなく、異動時の不安解消にも役立つため、一石三鳥の効果を発揮する、おすすめの仕組みです。

自分の取扱説明書（取説）

【今の私】		
①私という商品説明		
仕様	私の特技	仕事ができる人、幸せなものの見方・考え方をしているひとの「モデリング（マネ）」
	私の経験	1・歳からビジネスの世界にいますので、年齢の割にビジネス経験豊富です。 アルバイト→店長→SV→事業部長→社長執行役とステップ踏んでいるので、 ステージごとの悩みや解決方法が分かります。
	私の強み	仕組み化経営を定着アドバイスする「仕組み化経営コンサルタント」 コンテンツの魅力を高める「マーケティング・コピーライター」 組織のチームビルディングを促す「エマジェネティックス認定アソシエイト」
	私の売り	学ぶをデザインする男日本一
【過去の私】【未来の私】		
自分年表		
0歳	・千葉県か神奈川県に生まれる。	
0歳〜9歳	・育ちは千葉県市川市。 ・小さい頃の頃の記憶はあまりなし、、、。	
〜14歳	普通の男の子。 自転車で遊びに行ったり、ゲームをしたり、毎日遊んで暮らしていた。 親から怒られることは殆どなし。自由に育てられた。	
14歳	・電気・ガス・水道止まる経験をする。 ・野宿を経験する →これは中々濃い体験！5時間話せます（笑）	

「コミュニケーションの質が上がる」
「上司と信頼関係をつくれる」
「異動の不安が解消される」
一石三鳥の仕組み

■さし飲みのゴールは◯◯を引き出すこと

自分の取説などを活用して「深い話」が出てくるようになったら、ぜひ会話の中で意識して聞いてほしい言葉があります。**「実は」や「ぶっちゃけ」です。**

プリマベーラ経営サポート事業部に所属する渡辺貴史《わたなべたかし》という社員がいます。渡辺さんはCMO（組織モチベーション最高責任者）として、社内や社外のお客様向けにセミナーや研修を行う重要な役割を担っています。普段は非常に人当たりが良く、誠実に仕事をしてくれる頼れる存在です。

しかし、お酒が入ると渡辺さんの本音が「ポロポロ」と溢れ出してきます。

「ぶっちゃけ、この仕事、意味なくないですか？」
「ぶっちゃけ、最近みんなたるんでません？」

さし飲みは社員の本音を引き出す仕組み

「実は」「ぶっちゃけ」をキャッチする

「ぶっちゃけ、誰も松田さんみたいに頑張れませんよ（笑）」

などなど、「ぶっちゃけ」のオンパレード（笑）。

このような本音は、実は非常に貴重な情報です。そして、それを聞き逃さず「メモ」しておくことが重要です。人は本音を話したとしても、特にお酒が入っている場合は、数分後にはその記憶を忘れてしまうものです。ましてや、話を聞いた側も次の日には忘れてしまう可能性があります。

翌日、シラフのとき、そのメモを振り返り「どのように対策を立てるか」を考える。この繰り返しが、会社をより良くするための重要なアイデアを引き出すきっかけになるのです。

「実は」や「ぶっちゃけ」といった言葉は、深い本音が出てくるサインです。この本音をしっかりとキャッチし、それをもとに行動を起こすことが、質の高いコミュニケーションから成果につなげる秘訣と言えるでしょう。

EGの仕組みでコミュニケーションが劇的に円滑になる

■他者の特性やスタイルを尊重できるようになる

プリマベーラでは、朝礼や飲み会以外にもコミュニケーションを円滑にする仕組みを数多く導入しています。**その中でも特に効果的なものの1つが「EG（エマジェネティックス）」という心理測定ツールです。**

自分にとっての「当たり前」や「普通」は、人それぞれで異なります。そして、この「自分の普通」を相手に押し付けることで、コミュニケーションエラーが発生してしまいます。

私自身も、ＥＧと出会う前はコミュニケーションの取り方に大きな悩みを抱えていました。

今から10年前、私はプリマベーラで最年少の店長となり、いわゆる「イケイケ」の状態でした（笑）。「自分の考えは正しい」と思い込み、店長会議では一回り、二回りも年上のベテラン店長たちに対して、「そのやり方は間違っていると思います」「こっちのやり方のほうが売上が上がると思います」など、物申す場面が多々ありました。

その結果、社内では「松田は面倒くさい」と言われるように（苦笑）。さらに追い打ちをかけるように、当時の社長だった吉川から**「松田さんの言っていることは正しいかもしれないけれど、正しいことがすべて正しいわけではないんだよ」とフィードバックを受けたのです。当時の私にはその言葉の意味が理解できず、転職すら考えたほどです（笑）。**

そんなモヤモヤを抱えているなか、吉川から「面白いセミナーがあるから行ってみて」と勧められたのが「ＥＧセミナー」でした。

ＥＧセミナーでは、自分の思考特性（何を重視するか）や行動特性（他人からどんなふうに見える行動をとりがちか）をＡ４一枚の「プロファイル」（２３７ページ）として分析してくれます。このプロファイルをもとに、自己理解や他者理解を深めるワークを行います。

セミナーを通じて私は、**「意見をはっきり言う人もいれば、意見を言わずに見守ることを重視する人もいる」という基本的な事実を知りました。それは「目から鱗」の連続でした。自分の意見を一方的に押し付けるだけでなく、他者の特性やスタイルを尊重する必要があることを痛感したのです。**

「自分の普通と相手の普通は違う」ことに気づくだけで、コミュニケーションエラーは劇的に改善されます。組織には、自分の意見を主張する人も大切ですが、その意見を支えたり、見守ったりする人がいることでチームが成り立つのだと、このセミナーで深く学びました。

ＥＧセミナーであまりにも衝撃を受けた私は、当時ＥＧセミナーの講師をされていたＮＳＫＫホールディングスの賀川正宣《かがわまさのり》会長に**「このＥＧセミナーはスゴイ！　ぜひ私にもＥＧセミナーを広げるお手伝いをさせてください」とお願いし、吉川の承諾を得て社外向けにＥＧセミナーを開催できるＥＧ－Ｊ認定アソシエイトの資格を習得しました。**

現在では、プリマベーラの従業員４００名のうち３００名以上がＥＧセミナーを受講しており、新入社員やアルバイトも必ず受講するプログラムとなっています。

■ＥＧは社風を明るくする仕組み

プリマベーラの社風が明るく、多様性を認め合える文化が育っているのは、「ＥＧ」を通じて他者を理解し、尊重する土壌がつくられているからです。

私自身、これまで数多くの研修やセミナーを受けてきましたが、ＥＧセミナーは間違いなくＴＯＰ３に入るおすすめのセミナーです。**プリマベーラでは、「仕組み化経営**

EGのプロファイル

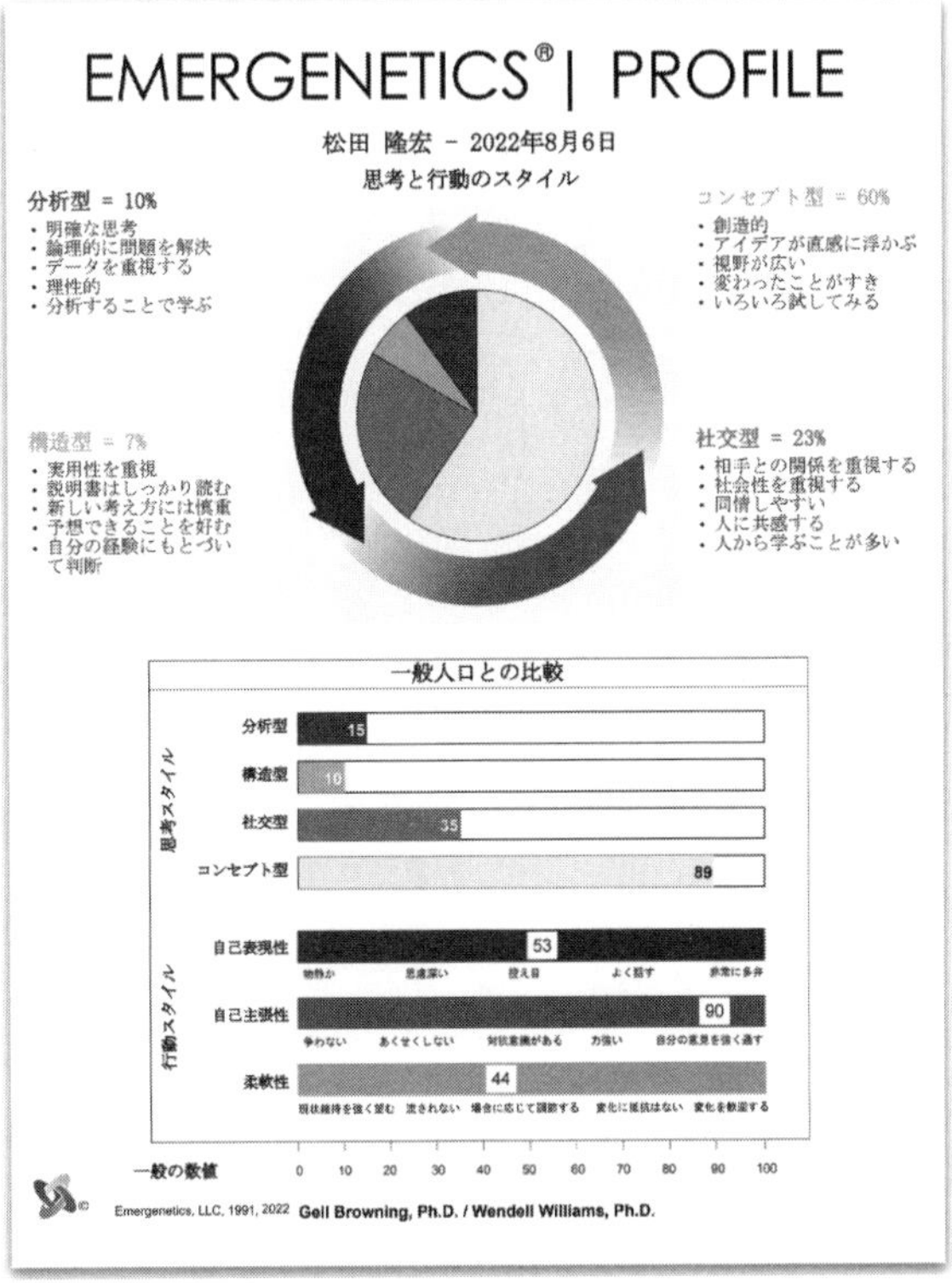

社内で共有することで
その人にとっての「普通」が可視化される

×EGセミナー」と題し、EGを活用した組織づくりのノウハウをお伝えするオリジナルセミナーも開催しています。

また、EGセミナーの本家である株式会社EGIJが開催するセミナーも、品川や神戸で定期的に行われています。日程が合わない場合は、そちらの受講もおすすめです。コミュニケーションやチームビルディングの考え方が大きくアップデートされるはずです。

吉川がかつて私にかけてくれた「正しいことがすべて正しいわけではない」という言葉の意味が、今では痛いほど理解できます。そして、当時の私を見放さず、根気強く助言をしてくれた吉川に、深く感謝しています。

表彰制度はモチベーション維持・向上に最適

■「自分に関係ある」表彰制度を設計する

従業員のモチベーションを引き出すためには、**「環境づくり」**も非常に重要なポイントです。どれだけ頑張っても評価されない環境では、モチベーションを高めたり、それを持続させることは難しいでしょう。部屋が汚いと、心がすさむように、人は「環境」によって大きな影響を受けるものです。

では、どのような環境をつくれば、従業員のモチベーションを高め、持続させることができるのでしょうか。**私たちが工夫している取り組みの1つに「表彰制度の仕組み」があります。**

子どもの頃は、運動会で表彰されたり、皆勤賞をもらったり、音楽会で賞を取るなど、表彰される機会が多々ありました。しかし、大人になると表彰される機会はめっきり減ります。さらに、実際に子どもの頃に表彰された経験がある人も限られるため、生涯で表彰されたことがないという人も少なくありません。

表彰制度がある会社もありますが、社長賞や優秀社員賞など、一部の人だけが対象となる制度である場合がほとんどではないでしょうか。そのような仕組みでは、多くの従業員が「自分には関係ない」と感じてしまい、モチベーションアップにはつながりにくいものです。

そこで私たちは、**「せっかく表彰制度を導入するなら、働いているすべての従業員のモチベーションアップにつながるような仕組みにしよう」と考え、多種多様な表彰を取り入れることにしました。現在では、20種類を超える表彰を設け、さまざまな場面で従業員を表彰するための仕組みを整えています。**

株式会社Ｔｒｅｅさんは、６年連続ホットペッパービューティーアワードを受賞す

表彰制度はモチベーション向上・維持を実現する仕組み

表彰一覧	賞金	特典・表彰場所	選考基準
社長賞	7万円	昇給7号俸。お楽しみツアーに招待。	社長の独断。2年連続はNG。23年お楽しみツアー内容〜ゴミ拾い仙人サイトより
優秀社員賞	5万円	昇給5号俸。お楽しみツアーに招待。	正社員3G以上の投票。2年連続はNG。
社長特別賞	5000円	経営計画発表会で表彰。昇給1号俸。	社長の独断。ない年もある。
各種賞	3000円	経営計画発表会で表彰。	委員会で賞を作成。各事業部長の推薦で経営幹部により決定。賞の内容は毎年変わるかも。

る人気の美容室チェーンを群馬県で展開しています。利剛広《としたかひろ》社長は、表彰制度がモチベーションに与える影響を次のように話します。

「賞を取るために必要な数値的基準が明確にあるため、誰にでもチャンスが与えられる仕組みになっています。賞を取った社員は自己肯定感や承認欲求が満たされ、今まで以上に自社愛が育まれていますね。経営者としてこんなに嬉しいことはありません」（利剛広社長）

Ｔｒｅｅさんは、表彰制度をはじめとする仕組み化によって、モチベーションが低かった社員さんも「店長になりたいです！」と声を挙げるようになり、平均生産性が60〜70万円と言われている美容室業界のなかで、同社の生産性は平均95万円。多い時には、生産性１５０万円になることも。

結果、高い利益率を維持できることで、新卒初任給は22〜25万円（県内の新卒平均初任給は19万円）、入社４年目以降になると平均年収６００万円（美容師の平均年収は325万円）と社員さんへの高い還元を実現できています。

多くの人が参加しやすい表彰制度を導入することで、従業員一人ひとりが評価される環境をつくり、モチベーションの向上と維持を実現できるのです。

売上ダービー表彰で仕事を「自分ゴト化」してもらう

■自己肯定感・自己重要感を上げる仕組み

プリマベーラでは、2024年現在、従業員が約400名在籍しており、そのうち約7割がアルバイトスタッフです。このようにアルバイトスタッフの比率が高い組織においては、アルバイトの皆さんを戦力化し、モチベーションを高めることが非常に重要です。

そのため、私たちのお店では**「部門担当制度」**という仕組みを導入し、従業員一人ひとりに「メンズ服担当」「レディース服担当」といった形で、具体的な「部門の担当」を持ってもらうようにしています。この仕組みによって、各自が自分の部門やお店全体の売上を「自分ゴト」として捉えられるように工夫しています。

部門担当がある人とない人では、数字に対する意識や売り場への意識が大きく異なります。明確に「あなたの担当はここです」と示すことで、仕事を自分ゴト化してもらうことができ、責任感ややりがいを感じてもらいやすくなります。

さらに**「売上ダービー表彰」**という仕組みも取り入れています。この表彰制度では「部門の中で昨年対比で最も売上が伸びた店舗や担当者」を表彰します。この表彰のおかげで「今月は伸び率が3位だった！」「伸び率1位で売上ダービー表彰を取れた！」といった目標意識を持ち、より意欲的に仕事に取り組む環境を整えています。

印象的なのは**「人生で初めて表彰された」と涙ぐんで喜ぶアルバイトスタッフがいることです。ダービーの賞金は1000円と決して高額ではありません。しかし、表彰されたスタッフは「お金以上の価値」を感じてくれています。それは「人の役に立っている」「自分が認められた」という自己肯定感や自己重要感です。**

部門担当制度や売上ダービー表彰を通じて、アルバイトスタッフのモチベーションを高める環境を整えることが、組織全体の成果向上につながるのです。

表彰を従業員の目標設定、マネジメントに活用する仕組み

■目標を宣言する場を日報に組み込む

表彰制度をつくる効果は、短期的なモチベーションアップにとどまりません。第4章で紹介したニコニコワクワク研修の最後には、仕事の目標とプライベートの目標を作成してもらいますが、このとき「表彰制度」が大きな効果を発揮するのです。

表彰制度がたくさんあることで「来年は社長賞を取る！」「来年は売上ダービー表彰を3回取る！」といったように、仕事での目標がつくりやすくなります。人によってはプライベートの目標は特にないけれども、仕事の目標がたくさん浮かんでくるケー

目標はビジュアル化して社内に掲示する

社内表彰を自分の目標に設定する
従業員は多い

スもあるほどです。

目標を持つことで、仕事へのモチベーションは高まります。そして、表彰制度はその目標をつくりやすくする強力なツールなのです。

一方で「目標」を忘れてしまうのが人間の性です。そこで、プリマベーラでは「目標を宣言する場」を日報のフォーマットに組み込む仕組みを導入しています。

日報は基本的に毎日書きます。その中に「社長賞を取る！」といった目標を毎回記入する欄を設けることで、従業員が自分自身の目標を忘れずに意識し続けられるようになっています。この仕組みによって、目標を常に意識し、その達成に向けて行動する習慣が自然と形成されます。

また、日報を確認する上司も「本間宗一郎さんは部長昇進を目標にしているんだな」といった部下の目標を把握することができるため、その達成をサポートするための成長支援が可能になります。

このように表彰制度はモチベーションアップだけでなく、目標設定や日々のマネジメントにも活用できる、まさに一石三鳥以上の効果を持つ仕組みなのです。

社長賞・優秀社員賞の効果を最大化させる仕組み

■受賞者発表動画で特別な演出を行う

私たちが最も力を入れている表彰である「社長賞」と「優秀社員賞」について紹介します。

社長賞は、1年間の実績をもとに社長が独断と偏見で決める表彰です。

優秀社員賞は、課長職以上の投票によって選ばれる表彰です。

社長賞の受賞者は正社員140名中1名、優秀社員賞の受賞者は2名と非常に狭き門です。

受賞者にはそれぞれ、社長賞で賞金7万円、優秀社員賞で賞金5万円が贈られます。

それに加えて、昇給や特典もついてきます。どちらの表彰も年に1回しかチャンスがないため、全社員が一度は受賞したいと願う憧れの表彰です。

現在の特典は、「会長の吉川と行くお楽しみツアー」です（笑）。

このツアーでは、吉川が受賞者たちの「行きたい場所」「食べたいもの」をヒアリングし、それらをすべて叶える4泊5日ほどの夢のようなスペシャルツアーを企画します。国内はもとより世界中を旅している吉川がスケジュールを組むため、一生の思い出に残る体験になることは間違いありません。

これらの表彰は、年に一度開催される「経営計画発表会」の場で発表し、表彰を行います。しかし、ただ受賞者を発表して表彰するだけでは面白みに欠けます。そこで私たちは、表彰の場を感動的なものにするため、さまざまなサプライズを仕込むようにしています。

受賞者を発表する際には、**「気持ちが高まるような受賞者発表動画」を流します。司会者がただ名前を読み上げるのではなく、映像を使ってドキドキとワクワクを最大限**

に高め、発表の瞬間を特別なものに演出します。

■自称「世界一長い表彰状」で成長を実感させる

動画の中で受賞者が発表されると、その瞬間、受賞者は驚きと感動を抱えながら壇上に上がり、表彰されます。この場面をさらに特別なものにするために、私たちは**自称「世界一長い表彰状」を用意しています（笑）。**

通常の表彰状は、決まりきった定型文を読み上げ、受賞者に渡すだけのことが多いかと思います。しかし、私たちの表彰状は一味違います。その内容は、1年間を面白おかしく振り返りつつも、受賞者の頑張りや成長、そして実績を具体的に盛り込み、丁寧に伝えるものです。

このような表彰を通じて、受賞者には「自分の成長」を実感してもらいやすくしています。また、惜しくも受賞を逃した人も「これだけ頑張って成果を出しているなら仕方がない」と納得感を得られたり、「こんなふうに努力すれば自分も表彰されるんだ」と参考にしてもらうことができます。

「ありきたりな表彰状」ではなく、「あなたのためだけの表彰状」をつくることで、受賞者の満足感は格段に高まり、それが結果としてモチベーションアップにも大きく寄与しています。

■サプライズ表彰で一生の思い出をつくる

長い長い表彰の読み上げが終わった後、感動をさらに高めるためにサプライズを仕込みます。表彰が終わり、受賞者が自分の席に戻ろうとしたその瞬間、**「ちょっと待ってください！」**と声をかけ、スクリーンに注目してもらいます。

スクリーンには、受賞者にとって特別な「ご家族からのお祝いの言葉」や「知り合いや友人からのお祝いのメッセージ」さらには「上司や同僚からの心温まるメッセージ」が映し出されます。**この動画には、受賞者にとって「ご縁」の深い方々からの祝福の言葉が詰まっており、多くの受賞者が感極まって涙を流すほどです。**

世界一長い表彰状

優秀社員賞

経営サポート事業部
輿石脩　殿

輿石さんは、全くスキルがないところからスタートしながらも、経営サポートの物販のプロジェクトリーダーとして、第21期は、昨対135%、営業利益1400万を超える結果を出してくれて、プリマベーラのみんなの賞与原資を稼ぎ出してくれました。

1000万円もした研修で学んだセールスのスキルをもとに、個人営業売上530万円を達成。自ら売上を作れる人財になりました。
輿石さんは、経営サポートのお客様である社長に対して、商談や定着プログラムが苦手で、前日は夜も眠れない日々を過ごしていたと聞いています。
その苦手を乗り越え、今では「お客様対応」と言えばコシイシと呼ばれるくらいになりました。

また、データマーケティング課も兼任してくれて、経営サポートのデータドリブン化を一気に進めてくれましたね。
輿石さんは、セールスライティング、マーケティング、セールス、コンサルティングなど、幅広いスキルが必要な経営サポートで、「一生勉強一生成長」という勉強好きの心で、自ら学び、結果を出しました。

松田幸之助さん曰く、
「今の経営サポートでは輿石さんが、いないと困る人財」不存在デメリットになりました。
日報革命の定着プログラムも、今では全て輿石さんが担当してくれています。輿石さんがいるからこそ、事業部長の松田さんが新規の取り組みに時間を使えると、松田幸之助さんが、輿石さんを大変評価していますよ。

輿石さんが、新卒で入社し、ドンドンダウン熊谷店の店長として大活躍。今後が楽しみとおもっていた矢先に、退職。退職をなんとか止めようと思って、熊谷駅前の居酒屋、酒悦で「本当にやめるの?」と聞いたら、あっさり「はい」と言われて面食らいました(笑)輿石さんには、入社前の家庭訪問をしたときに、パン職人だったお父さんとお話しました。お父さんから伝え聞いていた、複雑な家庭環境の輿石さんに、プリマベーラで幸せになってほしかったので、退職は本当に残念でした。

が、まさかプリマベーラに戻ってきてくれてこんなに活躍してくれるとは!輿石さんとの再びのご縁に感謝です。今では、美人の　さんと結婚して、今年の3月1日には、　くんも生まれました。脩さんは、複雑な家庭環境をつくらないでくださいね♪そして家族のためにも、さっさと3．5Gになりましょうね。楽しみにしてます♪

優秀社員賞として、賞金5万円、昇給5号俸、そしてレッツノートを支給します。もしくは同等の仕事に使える希望のものを買います。第22期も活躍楽しみにしてます♪

令和三年七月六日
株式会社　プリマベーラ
代表取締役　吉川　充秀

このサプライズ動画は、弊社社員が秘密裏にご家族や関係者にコンタクトを取り、取材を行いながら制作しています。さらに、動画だけではなく、もしご家族やメッセージをいただける方が経営計画発表会に参加可能な場合には、サプライズゲストとして直接ご登場いただくこともあります。その場で手紙を読み上げていただくこともあり、会場全体が感動の渦に包まれます。

ちなみに、私自身も2012年に社長賞を受賞した際、妻が経営計画発表会にサプライズで登場し、手紙を読んでくれました。当時はホテルの一室で経営計画発表会を開催しており、副賞としてそのホテルの宿泊券を吉川からいただきました。

このようなサプライズは、受賞者にとって忘れられない思い出をつくるだけでなく、周囲の社員にも「自分もいつか表彰されたい！」というモチベーションを与えるきっかけになります。表彰を超えた感動の演出が、組織全体の一体感をさらに深めるのです。

たった一枚のカードでモチベーションを上げる仕組み

■日報に組み込むと感謝を伝えやすくなる

社長賞や優秀社員賞などの各種表彰は、社員のモチベーションを高める非常に効果的な方法です。しかし、こうした表彰にはどうしても回数に限度があります。そこで、私たちは**「サンクスカードの仕組み」をフル活用しています。**

サンクスカードは、社員同士で「お礼や感謝」を伝える仕組みです。プリマベーラでは、これを自社の日報システム「日報革命」に組み込んでいます。日報革命は、一人ひとりにＩＤとパスワードが付与される形式をとっており、アルバイトを含む全社員４００名が毎日利用するルールとなっています。

日報という日々の業務で必ず使用するツールにサンクスカードの仕組みを導入することで、感謝の言葉をスムーズに伝えられるように工夫しています。**このシステムを活用した結果、毎月「2000枚以上」のサンクスカードが日報革命内でやり取りされています。**

仕事で助けてもらったら「ありがとう」、一生懸命取り組んでくれたら「ありがとう」。そんなふうに、日報革命の中では感謝の言葉が飛び交っています。

仕事だから「やって当たり前」と思う場面もあるかもしれません。しかし、私たちは「当たり前を当たり前にやってくれている」ことに対してお互いが感謝し合える会社と、そうではない会社とでは、従業員のモチベーションが大きく変わると考えています。

サンクスカードの仕組みは、モチベーションを高く維持する「社風」という環境をつくるための重要な要素です。導入しやすく、効果も高い仕組みであり、感謝の気持ちを共有することで、働く一人ひとりが「ここで働いていてよかった」と感じられる職場をつくり上げています。

サンクスカードのお礼や感謝が
モチベーションを上げる

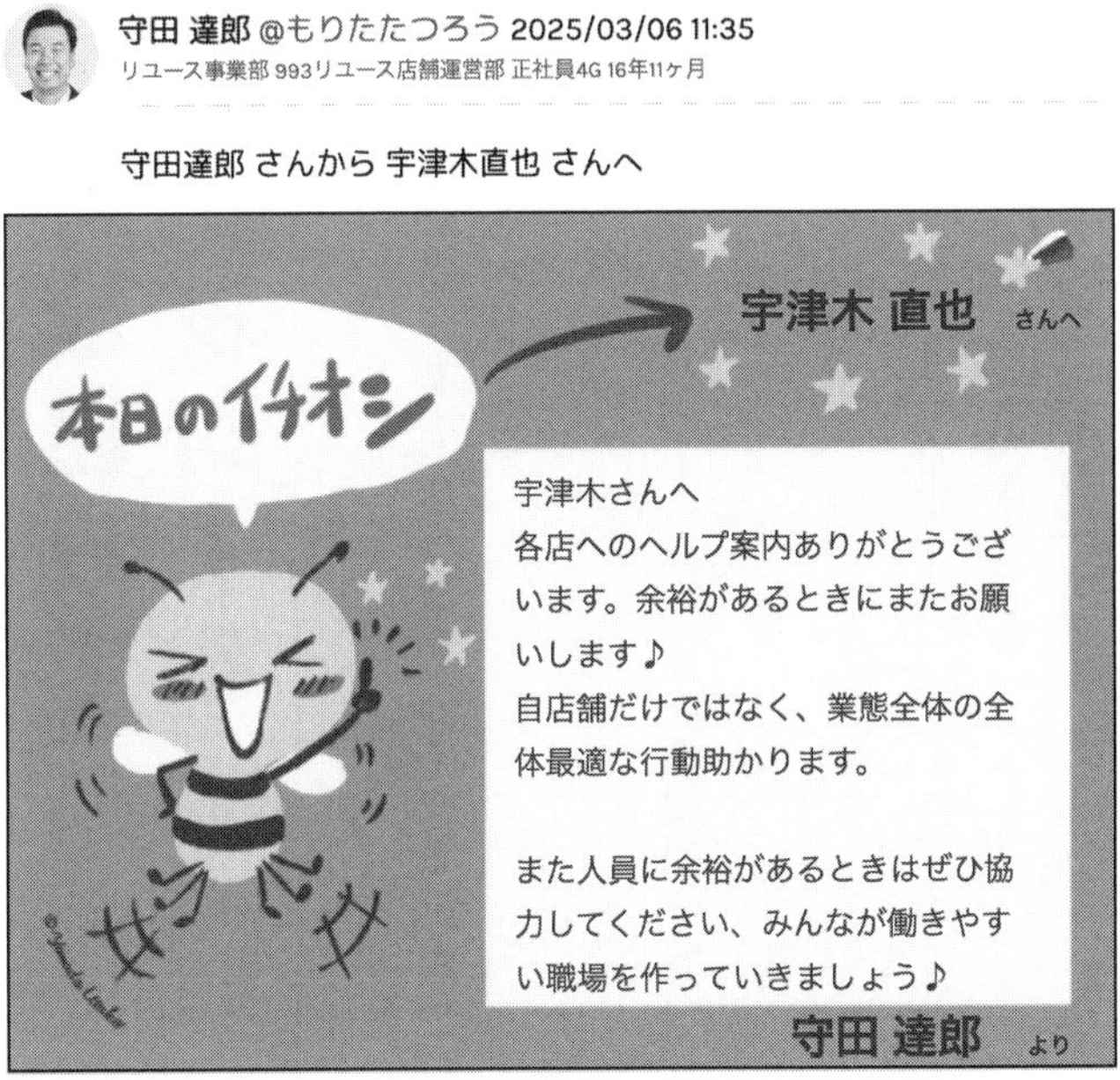

**日報ツールに導入されているため
いつでも誰でも
モチベーションを上げることができる**

社内通貨の仕組みで改善提案が殺到する

■お小遣い以上の価値があるからモチベーションが上がる

日報革命には、サンクスカード以外にも社員のモチベーションを上げる仕掛けが多く散りばめられています。その1つが**「社内通貨の仕組み」**です。

プリマベーラでは「全員経営」を掲げ、アルバイトを含む全従業員から、「もっとこうすればお客様が喜ぶのではないか」「こうすれば生産性が上がるのではないか」という改善提案を積極的に募集しています。**その中でも「優秀な改善提案」については、社内通貨として「ハンコ」（社内通貨）を発行する仕組みを導入しています。**

ハンコは、1個300円の価値として換算され、1つの改善提案につき0・5個から

優秀な改善提案には社内通貨が発行される

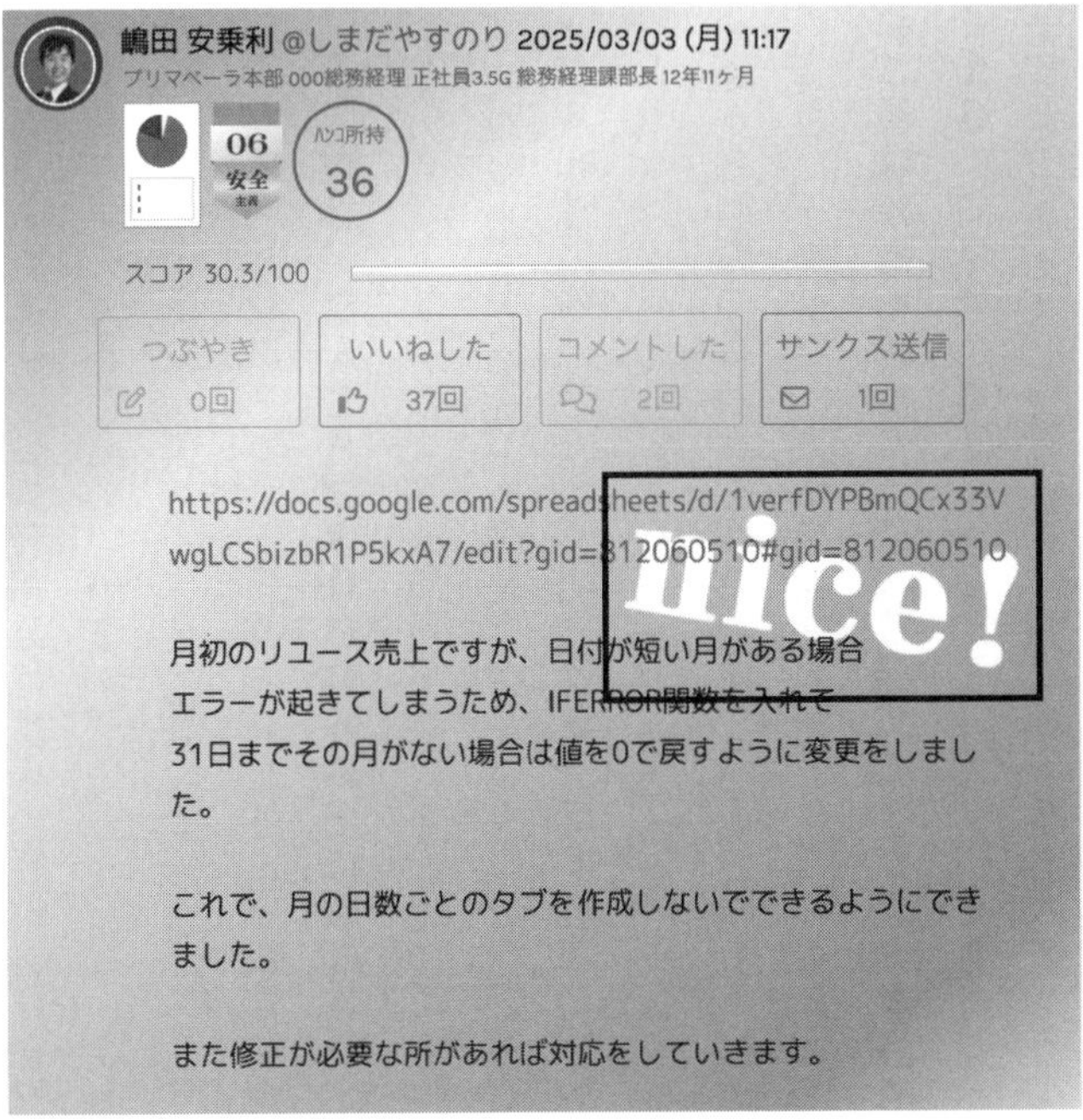

自分が評価されている、
役立っていることを
実感できるから
モチベーションが上がる

最大10個まで付与されます。この仕組みは現場の従業員に非常に好評で、改善提案をするモチベーションを大きく高めています。

自分が考えたアイデアが認められ、それが実際にお金に変わるという直接的なメリットがあるため、サンクスカード同様、さまざまな改善提案が日報革命で飛び交っています。**その数は、なんと月間３０００件以上にのぼります。**

さらに、自分のアイデアが上司から評価されるだけでなく、それがお客様の満足度向上や職場環境の改善に直接つながることもあり、この仕組みは従業員のモチベーションアップに非常に効果的です。社内通貨は、単なる「お小遣い」以上の価値を生み出す仕組みです。この「日報革命」は、前著『ヤバい仕組み化』でご紹介した際、多くの企業様からお問い合わせをいただき、導入まで数ヶ月待ちの状態になったほど注目を集めました。**プリマベーラの「マネジメントの考え方」が凝縮されたこの日報システムにご興味がある方は、ぜひ「日報革命」でネット検索していただき、詳細機能をご覧ください。**社員全員が自ら考え、行動し、それを楽しみながら成果につなげる。そんなモチベーションを高める仕組みが「日報革命」に詰まっています。

第5章のポイント

- やる気の法則を活用し、社員の主体性を高める仕組みを整える。
- モチベーションは「実行確率」を上げるための手段として設計する。
- 情（感情）と報（報告）のバランスを意識し、スムーズな情報共有を促す。
- さし飲みや取扱説明書（取説）を活用し、信頼関係を深め、心理的安全性を高める。
- EG（エマジェネティックス）を導入し、個々の思考特性を理解することでチームの相乗効果を高める。
- 表彰制度を多様化し、社員の努力が適切に評価される環境をつくる。
- 社内通貨（ハンコ制度）を導入し、改善提案を促進し、主体性を引き出す。

コラム

コミュニケーションと業績は直結しない

執筆：吉川充秀

「コミュニケーションが悪いから業績が下がる」という言葉は正論のように聞こえます。私たちの結論は、「**情《じょう》があると、仕事が円滑に進む、円滑に仕事が進むから業績が上がる**」、このように考えています。つまりは、**あくまでも業務の実行確率が上がるために****コミュニケーションをする。これが、成果を出すという目的のための、コミュニケーションの考え方です。**

中学三年生になるわが家の娘は、「は？　どういうこと？？？」が口癖です。わからないことがあると、父親の私に「は？　どういうこと？？？」とわかるまで聞いてきます。さて、この彼女、学習塾を今まで6回、7回と転々としています。家庭教師も雇いました。ところが学校の成績は、てんでダメです（笑）。成績が上がらないということは、成果が出ていないということです。彼女は、「先生の教え方が悪い。全然わからない」と言います。ところが、私から言わせると問題点は違います。**わからないことを聞けていないのです。**

先生との情《じょう》が築けてないから、質問ができない。わからないことを「わからない」と言えないのです。情が築けてないと、わかってないのに、「わかった？」と先生に聞かれると、気の弱い娘は「はい」と流されて言ってしまう。その結果、「教え方が悪い、全然わからない」ということになります。

彼女の成績があまりに上がらないので、代表取締役を降りて、時間があった私は、期末試験の家庭教師を買って出たことがあります。父親の私が教えると、「は？　どういうこと？？？　全然わかんないんだけど」と正直に言ってきます。だから、ＯＢＡＫＡ（おバカ）な娘にもわかるように、いろんな角度から、かんでふくめるようにして教えます。すると、「あーあー、そーいうことねー！　私天才」と言って、理解してくれます（苦笑）。その結果、5教科のうち2教科が5段階で5！　中学に入って初めて、5をとりました。特に5段階中、2だった理科が、5になりました。

「弦を強く張ると高い音になるの。例えば、8歳の妹の愛莉《あいり》のお尻は張りがあって、ピチピチだよね。叩くといい音、プリンとなるでしょ？　47歳の佐知子ママのお尻は、張りがないよね。だから叩くと？　そう、『ボテッ』となるでしょ？」

こうやって爆笑を取りながら苦労をして教えるわけです。このあと、妻から「誰が『ボテッ』だよ！　ふざけんじゃねーぞ！　当分、夫婦生活ないからな!!」と脅されましたが（苦笑）。

話を戻します（苦笑）。**成績が上がらないのは、この場合はコミュニケーションの問題です。**娘のオツムの問題でも、先生の教え方の問題でもありません。**娘が円滑に先生とコミュニケーションができていない、この関係性にあったということです。**これをそのまま仕事に置き換えてみてください。上司と部下が、コミュニケーションができてないと、わからないことが聞けない。だからやり方がわからない、もっと速い方法がわからない。だから、実行確率が下がり、業績に影響する。

プリマベーラの現場なら、商品を出すのが異様に速い先輩がいる。自分の2倍の速さ。ところが、コミュニケーションが取れてないから聞けない。だから時間がかかり残業が増え、営業利益が下がるわけです。

情という土台の上に報が乗っている

コミュニケーションは、情と報のやりとりだと、プリマベーラでは定義しています。プライベートの情の上に、仕事の報告が乗ってくる、というイメージです。仕事の報を円滑にしたければ、一見仕事と関係のない、情を築く必要がある、というのが私たちの考え方です。もし私が、塾の家庭教師だったら、生徒と何でも言い合える人間関係の構築にこそ、時間をかけることでしょう（笑）。

そこで、**情を築くための仕組みが必要**になります。それを私たちは、朝礼に仕込んでいます。それが、「グッドアンドニュー」です。朝礼で、24時間以内にあった、いいこと、新しいことを発表します。「自分は、荒野行動というゲームをしているんですけど、ついに群馬で一番になって、嬉しかったです♪　以上です」のような仕事と関係ない話が朝礼で出ます。すると、朝礼後に、「吉川さん、荒野行動好きなんですね？

自分はフォートナイト派で……」のようになり、ゲームの話で盛り上がります。**共通の趣味、共通の何かがあると、人間関係の「ラポール（信頼関係）」が築かれやすくなります。それを、グッドアンドニューで意図して起こしているわけです。**

ゲーム以外でも、「小学校が同じだった」とか、「吉野家よりもすき家派」とか、「犬を飼っている」とか。この共通の話題から、情のコミュニケーションが広がります。すると、仕事上での報のやりとりは、円滑に進みます。**わからないことがあれば聞けるし、できないことはお願いもできる。こうして生産性が上がり、結果的に業績に反映されるのです。**

カリスマ社長のコミュニケーションの落とし穴

コミュニケーションが成果を生む理由がわかったら、どのようなコミュニケーションを取ればいいのか。それが大事です。例えば、「うちの会社では、社員が萎縮して社長に直言してくれない、報告が上がってこない、改善提案が上がってこない」という問題があるとします。これは意識の問題ではなくて、コミュニケーションの問題であることが多い。**改善提案とは、今までの仕事を一部否定することでもあります。**すると、社長がカリスマ過ぎると、それすらできません。改善提案をすると、カリスマ社長がつくった仕組みや仕事ぶりを否定することにもつながる。そして、カリスマ社長は多くの場合、自分のやり方に自信を持っているから、社員からの改善提案を、見事に論破してつぶします（苦笑）。

このことは、**「報告→決定→実施→チェック」という決定サイクルがまわらないという最悪の状況を生み出します。**カリスマのご機嫌をとるように、ズバリの直言ができなくなり、組織の機能不全を起こします。すると、問題点の報告すら隠蔽され、業績が下がります。トップが、裸の王様になり、誰も耳にいたいことを言ってくれないわけです。

こうなると、自分で気づくしかないのですが、自分の経営スタイルに絶対の自信を持っているから、ゼロベースで自分の経営を見ることができない。では、こうならないように、社長はどうしたらいいのでしょうか。

私は現役社長時代、**「従業員さんには全部負ける」を目標にしていました。**ライバル会社には負けないけど、**従業員さんには全敗でよい、という方針です**（笑）。従業員さんの提案があれば、「なるほどねー、天才だね♪　どんなことに気づいた？　教えて、教えて！」と、自分がバカになりきって、**「我以外皆師なり」の実践に努めました。**提案をもとに私がアレンジして、方針をつくって大きな成果を上げたときも、「渡辺貴史さんの提案のおかげで、この成果が出た♪」と、手柄は従業員さんに取らせます♪

カリスマ社長らしからぬ態度で、**従業員さんに「どう思う？」「教えて、教えて！」と低姿勢で接していたら、**15期連続増収増益を果たして、結果として私自身がカリスマチックになっていたというのが皮肉で面白いところです（笑）。

「成果の出る朝礼」の目的とは？

朝礼とは何か？　私たちの経営計画書の「朝礼に関する方針」の目的にはこう書いてあります。「**朝礼の目的は、スキルを磨き、モチベーションを高め、ベクトルを合**

わせる場です」と。ずばり**「成果の上がる朝礼」とは、マネジメント方程式の1つひとつを高める仕組みのある朝礼だというのが私たちの朝礼の考え方**です。

では、朝礼でどうやってスキルを磨くのか。例えば、ロープレです。古着のセール日だったら、来店したお客様に、「本日、値下がりの水曜日です。青い値札の商品が全品2割引きになっています！　どうぞご覧ください！」というセールストークをソラで言えるまでロープレします。

あるいは、マニュアルの読み合わせをします。「今日は接客マニュアルの724行目からを読みます」と言って、**緊急じゃないけど重要な接客マニュアルを読む仕組みにするわけです**。こうすることで、**ただの朝礼がスキルアップ朝礼へと変身**します。

朝礼でモチベーションを高める工夫が、前述したグッドアンドニュー。それから、笑顔をつくるウンパニ体操です。笑顔をつくる練習をすると、お客様の前で上手な「つくり笑顔」ができるようになります（笑）。

私が、1ヶ月に一度、約70人の全事業部の店長以上の従業員さんを集めて開催する、合同店長会議でやっていた事例をお話しします。今日は「なんだか全体的に暗いな」と思ったら、「今日はみんなの雰囲気が暗いから、いつもの朝礼でやっているグッドアンドニューをしましょう♪」と言ってスタートします。そのあと、「じゃあ立って、ハイタッチ！」「ハグーーーー！　キス！！！」と言って茶化します。物流倉庫の責任者の前原良唯《まえはらよしただ》のようにふざけた社員は、ペアの男性店長にキスをしようとして、周囲をわかせます。

この間、たった1分30秒。この時間の有無で、合同店長会議の「ノリ」が変わってきます（笑）。私のギャグも受けるようになり、私の話がますますキレッキレになって、会議も勉強会も楽しくなります。

朝礼に話を戻すと、前述した、**自分の目標を絵や写真にしたものを見る「ビジュアライズの目視」の時間も、モチベーションを高める仕組みです。**

朝礼でベクトルを合わせる

従業員さんのビジュアライズを見ると、「優秀社員賞をとって、吉川さんにエジプトのピラミッドに連れて行ってもらう」なんて目標があったりします。その年の経営計画発表会で、社長の新井英雄が宣言をします。「今年から、社長賞、優秀社員賞をとったら、会長の吉川さんが、みんなの行きたい希望を叶えてくれる。そんな旅行を企画してくれます」。それが、経営計画書の方針になり、「社長賞、優秀社員賞の褒賞は、『吉川充秀とのシークレットお楽しみ旅行』」と書かれます。「エジプトのピラミッドに行くのが夢だった！　表彰されたら、夢が叶うかも！」こうやって、会社で成果を出そうと思って頑張ってくれます。その結果、**個人目標と会社の目標が統合していくわけです（笑）**。

朝礼でのベクトル合わせは、経営計画書を読む、経営計画書の方針クイズをする、ベクトルスライドの勉強会をする、その気づきをアウトプットする、日めくりカレンダーを読む、こんなことが組み込まれています。これらの、スキルアップ、モチベーションアップ、ベクトル合わせを15分か20分のあいだに上手に仕込んで、朝礼をしているわけです。

松田が前述したように、朝礼を人件費で計算すると、とてつもないコストになります。前著『ヤバい仕組み化』でも書いたように、「DWMY」というフレームワークで考えると、どこに重点を置くかが見えてきます。**頻度が高いものを最適化するほど、成果が出ます。年に1度の経営計画発表会よりも、毎日の朝礼のほうが実は、はるかに大事なのです**。ところが、多くの会社を見ると逆です。1年に1度の、経営計画発表会には異常なくらいに力を入れているのですが、日々の朝礼には全然力が入ってない、というか最適化されていません。頻度の重点主義から言うと本末転倒です。経営計画発表会には半年前からプロジェクトチームをつくって、すごいお金を使って、社長もエネルギーを使って準備をするのに……朝礼は「なんとなく」やっている会社が多いように思います。

プリマベーラでは、朝礼をブラッシュアップし続けてきました。私自身もたまに現場の朝礼に出て、朝礼をチェックしてきました。今では、ディスコードをつなげて、瞬時にして店舗の朝礼に参加することができます♪　朝礼に参加をすると、また改善点が見つかります。それをもとに朝礼をバージョンアップしていくわけです♪

ショックとリピートをセットにする

経営計画発表会は年に1度のショックの場です。「おおお、プリマベーラもついにこんなステージにきたか！　次はホールディングス化をするのか！　おれたちも社長になれる会社ってことか！　やっぱりうちの新井英雄社長は、いい社長だな。この人の元なら大丈夫」。大きな発表や方針の変更を、経営計画発表会で伝えると、いい意味でのショックを与えます。ところが、前述している通り、**ショックは一過性です。だから、リピートが大切です。**経営計画発表会がショックの場だとしたら、**「経営計画書を使った勉強会」や、ベクトル勉強会、経営計画書の読み合わせやクイズがリピートの場です。**

同様に、年に1度のニコニコワクワク研修がショックの場だとしたら、リピートは朝礼でのビジュアライズの目視や、「ニコニコワクワクカレンダー」（297ページ写真）の読み上げです。毎年教えているニコニコワクワク研修の内容を、「ニコニコワクワクカレンダー」にして毎日、日めくりで読み上げて、素戻りしないようにしているわけです。このように、**ショックに対してリピートをセットすることで、研修効果は持続します**。ぜひ、自社の教育プログラムを「ショック」と「リピート」をセットにして、研修効果を最大化することにトライしてみてくださいね♪　モチベーションを継続的に高める仕組みになります♪

第6章

会社の辞書をつくって、社長と社員のベクトルを合わせる仕組み

執筆：松田幸之助

社内の言葉を揃えるベクトル用語集

■ベクトルを合わせる必要性とは

マネジメント方程式「業績＝スキル×モチベーション×ベクトル」の解説も、残すところ「ベクトル」だけになりました。**ここで言うベクトルとは、「考え方」や「方向性」を指します。**

どんなにスキルがあり、モチベーションが高くても、社長の考えと異なる方向に進んでしまうと、組織の分断や派閥が生まれる危険性があります。本章では、マネジメント方程式の3つ目の要素である「ベクトルを合わせる仕組み」をご紹介します。

そもそも、**なぜ、社員のベクトルを合わせる必要があるのでしょうか。それは、「人の考え方はそれぞれ違う」からです。**例えば、「愛とは何か？」という問いに対しても、さまざまな解釈があります。「愛とは相手を大切にすること」「愛とは好きと言うこと」など、人によって受け取り方が異なります。

このように「考え方」が違うと、「言葉の受け取り方」も変わってきます。これが原因でコミュニケーションエラーが発生したり、仕事の生産性が低下したりすることがあります。最悪の場合、見解の違いから離職につながることもあります。

そこで、プリマベーラでは**「ベクトル用語集」という社内用語集を作成し、「共通の認識」を持てるように「ベクトル勉強会」を開催しています。**

先ほどの「愛」に関しては、ベクトル用語集で以下のように定義しています。

【愛（1）】
関心を持つことです。部下の日報へコメントを入れてあげることです。面談の数です。

相手の成長を応援してあげることです。

このように、人の考え方はそれぞれ違うことを前提に、仕事のうえでは共通の考え方で進めていこうというのが、組織の出発点だと私たちは考えています。プリマベーラで「愛がないね」というのは、つまり「部下の日報にコメントをしていないね」や「面談をしてあげていないね」という「共通の認識」になるのです。

ベクトルを合わせる取り組みを通じて、組織全体が同じ方向を向き、一体感を持って業務に取り組むことが可能になります。これが、マネジメント方程式の最後の要素である「ベクトル」の重要性です。

プリマベーラのベクトル用語集

**共通の道具を使って勉強会を行い、
認識を揃える**

「なぜ」を伝えるベクトル勉強会の仕組み

■「理由」と「背景」を伝えるから腹落ちする

共通の言語と共通の認識を作るためのベクトル用語集は、現在第3版です。初版が完成したのは2009年のことで、株式会社武蔵野の小山昇社長の著書『仕事ができる人の心得』（CCCメディアハウス）を参考に初めて自社の用語集を作成しました。その後、改訂を行い、2014年に第2版が、2020年には現在使用している第3版が完成しました。

ベクトル用語集を作成する以前のプリマベーラでは、共通の言語や認識がなく、従業員それぞれが自分の価値観で仕事をしている状況でした。結果として、各々が独自のやり方で動き、組織として一体感に欠けていたわけです。

しかし、ベクトル用語集を作成し、価値観を揃えるためのベクトル勉強会を開催することで、従業員全体の価値観が徐々に統一されていきました。

私たちがこのベクトル勉強会を開催する理由は「なぜ」という部分を繰り返し伝え、価値観をすり合わせていくためです。

例えば、「なぜその方針を行うのか」「なぜ会社のルールはそうなっているのか」「なぜその仕事のやり方をするのか」といった疑問に対し、具体的な背景や理由を共有することで、従業員が腹落ちしやすくなります。

用語の定義を共有するだけでなく、「なぜそのような定義なのか」を徹底的に説明することで、従業員が本当の意味で理解し、納得できるようにしているのです。

第1版を作成した2009年当時は、吉川が「週に1回45分間」、本部メンバーに向けてベクトル勉強会を開催し、方針や取り組みに対する「なぜ」を繰り返し伝え続けていました。2025年現在も、この取り組みは各事業部の社長執行役員に引き継がれ、累計の勉強会回数1000回以上と膨大な数に達しています。

このように、長年にわたり愚直に「なぜ」を伝え続けることで、プリマベーラは共通の価値観を持つ組織へと進化してきました。

株式会社一真堂さんは、長野県内に3店舗、新潟県内に2店舗を展開し、ブライダルジュエリー、ブランドウォッチ、ファッションジュエリーなどを販売しています。岩間栄次郎《いわまえいじろう》社長は、それまでも価値観教育の重要性を認識しながら、実施できていなかったと言います。

「どんなに仕事ができても会社の目的や意に沿わないといずれそれが大きな歪みとなるので大変重要視してきましたが、今まではそれを伝える場がありませんでした。ベクトル勉強会によって、価値観教育の場を月に一度設けることで価値観が揃ってきま

した。これを継続することで大きな力になると実感しています」（岩間栄次郎社長）

同社ではベクトル勉強会の講師を岩間社長が、スキルアップを目的とした「スキル勉強会」の講師を幹部が務めることで、幹部の成長が実現しています。「教える人が一番成長している」と岩間社長はおっしゃいます。まさに「ラーニングピラミッド」（173ページ）そのものです！

■考え方と行動が変わるベクトル勉強会の伝え方

価値観を揃えるためのベクトル勉強会の重要性は理解しつつも、「勉強会を開催するのはハードルが高い」と感じる社長も多くいらっしゃいます。**しかし、ベクトル勉強会を開催するのであれば、1日でも早く始めたほうが効果的です。**

そして、可能であれば「自社の用語集」を作成し、自社の用語集でのベクトル勉強会開催を強くお勧めします。他社の言葉ではなく、「自社の言葉や考え」で勉強する方が、従業員の皆さんも腹落ちしやすいですし、何よりもベクトル勉強会を開催する社長自身の「想い」の強さが違います。初めて用語集を作成する際は、用語の数にこだわらず、社長自身が言葉や考え方を「用語集として今後、少しずつ積み上げていく」というところから取り組んでみていただければと思います。

ただし、大切なのは「勉強会」を開催することです。どんなに社長が想いを込めて社内用語集を作成しても、残念ながら従業員の皆さんは「読みません」。仮に読んでくれたとしても「本当の意味」を数行の文章だけで伝えるのには無理があります。

それでは、プリマベーラ流「伝わる」ベクトル勉強会の開催方法のポイントを紹介しましょう。

まずベクトル勉強会を開催するときに一番意識してほしいのは、そもそもの勉強会の目的です。社員を叱咤激励するのが目的ではありませんし、我が社の動向を伝えることでもありません。ベクトル勉強会の目的は方針や取り組みに対する「なぜ」を伝えることで、「従業員の考え方が揃い行動が変わること」が目的です。

大切なことは「従業員の皆さんに伝わる」ことです。では、従業員の皆さんに伝わる話し方は何か。それが「一論五例」という手法です。

■社内で「実際にあったこと」を具体例に入れる

一論五例とは1つのことを伝えようと思ったら**「具体例を5つ用意する」**というプレゼンテーションのやり方です。具体例が5つあれば、どれか1つは相手に伝わるだろうということです。

「愛」という用語を伝えるのであれば

「家族に朝の挨拶を無視されたら寂しくない？」

「電車で席を譲ろうと思って声をかけて無視されたら寂しくない？」

「誕生日で誰からもおめでとうがなかったら寂しくない？」

「一生懸命ご飯をつくっても家族が何も言わなかったら寂しくない？」

「職場でお疲れ様ですと声をかけて無視されたら寂しくない？」
「だから日報にはコメントしてあげようね」と伝えれば、そのうちの何か1つには「確かにな」と思ってくれて、考え方と行動が変わる可能性が高まるのです。

また、もし可能であれば5つの例は**「社内で実際にあったこと」**を事例にするのが効果的です。吉川が開催するベクトル勉強会ではいつも「従業員の具体事例」が豊富でした。自分が知っている人の事例だとさらに理解しやすいし、従業員の皆さんも面白く話を聞くことができるのです。

学習効果を最大化する勉強会の開催方法

■「感想」でアウトプットの機会を設ける

先述した「ラーニングピラミッド」の考え方では、ベクトル勉強会も「講義形式」だけでは学習効果が5％にとどまります。何もしないよりは効果的ですが、せっかく勉強会を開催するのであれば、その効果をさらに高めていきたいところです。

そこで私たちは、**ベクトル勉強会の中で「アウトプットの場」を特に重視しています。**ベクトル勉強会は6名程度の小規模から、最大80名近くの規模で開催することがありますが、人数に関係なく、必ずアウトプットの場を設けるようにしているのです。

簡単にできるアウトプットが「感想」です。ただ「聞くだけ」では学習効果は5％

ですが、「感想を言わなければならない」となると、話を聞きながら「どんな感想を言おうか」と考えるようになります。話を聞いていなければ感想を言えないため、自然と真剣に話を聞くようになるのです。

少人数での勉強会の場合、終了後に一人一言ずつ感想を発表するだけで十分な効果があります。一方で、数十名規模の勉強会では、日報などで感想を提出してもらうルールを設けるとスムーズです。プリマベーラでは、ベクトル勉強会を受講した後に必ず日報で感想をアウトプットすることをルールとしています。

■対話で学びと気づきを深める

感想のアウトプットに慣れてきたら、次に挑戦していただきたいのが「対話」です。

勉強会の内容を聞いた後、2人一組で「自分はどう思ったか」を話し合う場をつくります。

例えば、「愛とは部下の日報にコメントをすることです」という解説に対して、「最近は日報にコメントできていなかった」と振り返る人もいれば、「コメントする際には『怖がられないように音符♪をつける工夫をしています』」といった具体的な取り組みを共有する人もいます。

この対話の効果は、「相手の考え方」を知ることで「学びと気づき」が深まる点にあります。他の人が工夫している事例を知ることで、自分の行動を見直し、新たな取り組みを始めるきっかけになります。

■気づき、学び、行動することを決めて行動管理をする

さらに、感想や対話に慣れてきた段階で挑戦したいのが、「行動を決めるアウトプット」です。45分間の勉強会を通じて「何に気づき」「何を学び」「何を行動するか」を決める場をつくります。プリマベーラでは、このようなアウトプットを行う際にGoogleスプレッドシートを活用しています。全参加者の気づき、学び、行動をスプ

レッドシートに記録し、可視化することで行動管理がしやすくなります。

このスプレッドシートの活用には、もう1つねらいがあります。それは、従業員のアウトプットから必要な「経営情報」を見つけることです。**従業員の気づきや学び、行動の中には「お宝」のようなアイデアが眠っていることがあります。実際に、過去のベクトル勉強会のアウトプットから経営会議の議題になったケースも多数あります。**

このように、ベクトル勉強会を工夫することで、従業員の価値観を揃えるだけでなく、成長速度を上げ、さらに必要な経営情報を集めることも可能です。勉強会を「一石三鳥」の場として活用することで、組織全体の成果につなげることができるのです。

ベクトルスライド勉強会で社長以外でも勉強会を開催できる

■NG行動と理想的行動を明文化する

ベクトル勉強会を開催する際に多くの方が悩むのが「時間」の確保です。基本的に、理念を浸透させるベクトル勉強会は社長が行うことを推奨していますが、社長一人ではすべてを担うのが難しい場合もあるでしょう。

そこで私たちが取り入れたのが、**「ベクトルスライド勉強会」**という仕組みです。このベクトルスライド勉強会では、「ベクトルスライド」をもとに、リーダーが軽くファシリテーションを行いながら進めます。

ベクトルスライドには、「言葉の定義」だけでなく、「なぜその考え方が大切なのか」という具体的な事例や、「プリマベーラでのＮＧな行動」と「理想的な行動」が明文化されています。

例えば、「嫌われる店員」という用語を解説するスライドには、「身だしなみはお客様から見てどうかで判断しましょう」といった説明が記載されています。また、「自分の尺度で身だしなみを整える」のはＮＧとし、「身だしなみチェックリスト」に基づいてチェックすることが理想的な行動として具体的に示されています。

ベクトルスライド勉強会では、このように用語の解説と理想的な行動を読み上げた後、３分ほどのディスカッションを行い、最後に感想や行動を変える決意を発表してもらいます。

ベクトルスライドを作成することで、「社長がいなくても、従業員自身で」ベクトル勉強会を開催できるようになるのがこの仕組みの最大のメリットです。

ベクトルスライドをつくると従業員でも勉強会を開催できる

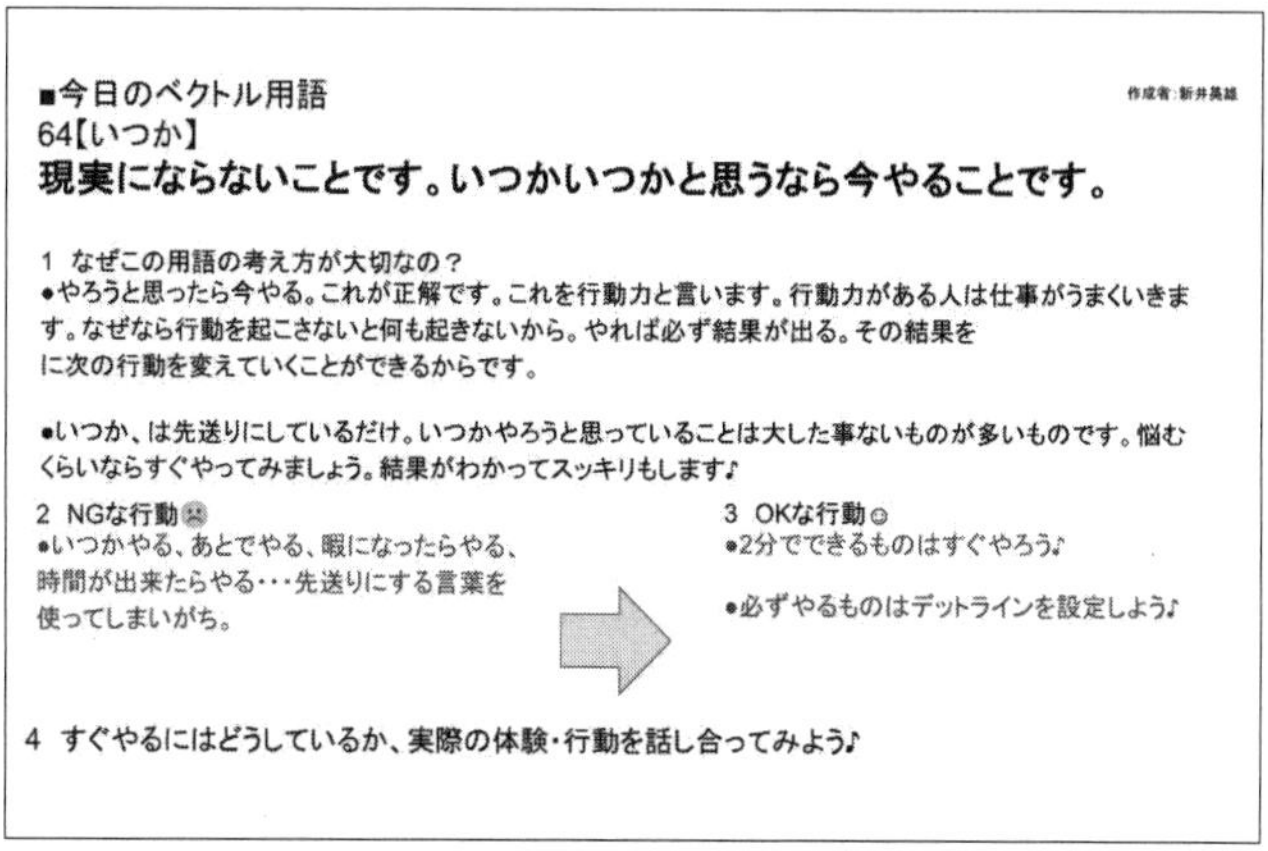
■今日のベクトル用語
作成者:新井英雄
64【いつか】
現実にならないことです。いつかいつかと思うなら今やることです。
1 なぜこの用語の考え方が大切なの？
●やろうと思ったら今やる。これが正解です。これを行動力と言います。行動力がある人は仕事がうまくいきます。なぜなら行動を起こさないと何も起きないから。やれば必ず結果が出る。その結果をに次の行動を変えていくことができるからです。
●いつか、は先送りにしているだけ。いつかやろうと思っていることは大した事ないものが多いものです。悩むくらいならすぐやってみましょう。結果がわかってスッキリもします♪
2 NGな行動
●いつかやる、あとでやる、暇になったらやる、時間が出来たらやる・・・先送りにする言葉を使ってしまいがち。
3 OKな行動
●2分でできるものはすぐやろう♪
●必ずやるものはデットラインを設定しよう♪
4 すぐやるにはどうしているか、実際の体験・行動を話し合ってみよう♪

NGな行動とOKな行動を明確にすることがポイント

一度つくるまでには時間がかかりますが、完成すれば非常に便利なツールです。「社長が忙しくてベクトル勉強会を開催する時間が取れない」「拠点が多く、全従業員に直接勉強会を行うのが難しい」といった場合は、ベクトルスライド勉強会をぜひ検討してみてください。

ポイントは、「NGな行動と理想的な行動を明確化すること」です。この明確化によって、ベクトル勉強会が抽象的な内容に終わらず、具体的な行動レベルで実施できるようになります。

価値観が自然と浸透していく「ベクトルカレンダー」

■設置すると否が応でも目にする場所とは？

先述した通り、人財教育は「繰り返し」伝えることが重要です。ベクトル勉強会を1回開催しただけで、従業員の考え方や行動が劇的に変わることはありません。繰り返し繰り返し、粘り強く伝え続けることが価値観合わせのポイントになります。

とはいえ、実際にベクトル勉強会を何度も開催するのは、相当な労力を必要とします。そこで、私たちは「ベクトル勉強会」だけでなく、「毎日」価値観を共有し続ける仕組みとして「ベクトルカレンダー」を作成・活用しています。

ベクトルカレンダーは「31日間の日めくりカレンダー」形式になっており、毎日プリマベーラで特に大切にしているベクトル用語や、現場の従業員にとって重要な用語を目にする仕組みです。毎朝の朝礼で、このベクトルカレンダーを10秒ほど読み上げるだけでも、自然とその用語や考え方がインストールされていきます。

さらに、このベクトルカレンダーをより効果的に活用するために、「トイレ」にも設置しています。トイレで用を足す際、人は基本的に手持ち無沙汰になりますよね。飲食店のトイレなどで目の前にある広告や求人情報をつい読んでしまう経験はありませんか？　やることがない分、情報を届けるのに最適な場なのです。

この仕組みを応用し、トイレにもベクトルカレンダーを設置することで、従業員が気づかないうちに価値観が浸透していく仕掛けをつくりました。**「あれ、この言葉、どこかで聞いたことがあるな」と思うとき、それが実はベクトルカレンダーの用語や考え方だったりすることも多いのです（笑）。**

無意識で価値観を浸透させるベクトルカレンダー

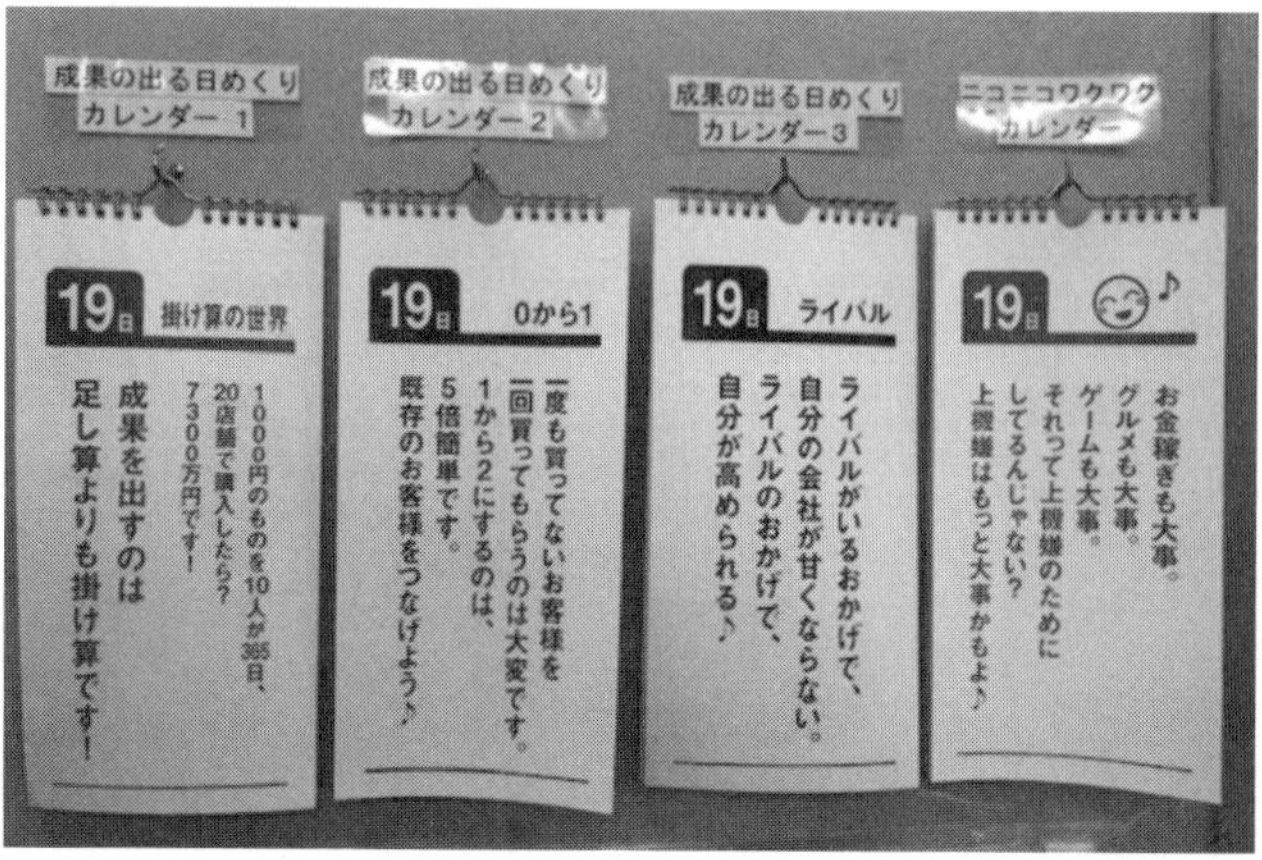

価値観を合わせるには時間がかかります。しかし、このように工夫をすることで、価値観浸透の時間を大幅に削減することが可能です。

現在では、価値観を合わせるためのベクトルカレンダーだけでなく、「成果を出す考え方をまとめたベクトルカレンダー」など、複数種類の日めくりカレンダーを作成し、日々のベクトル合わせに役立てています。

「理念のDO」を共有して価値観を浸透させる仕組み

■従業員が最も腑に落ちるのは一緒に働いている同僚の行動

ベクトル勉強会などを通じた価値観の浸透は非常に効果的です。しかし、**従業員の皆さんが最も「腑に落ちる」瞬間というのは、実は「他の従業員の目に見える行動」から学ぶときです。**

社長が主催する勉強会では、どうしても「それは社長だからできるんでしょ?」と思われてしまうことがあります。特に、立場が離れている従業員ほど「社長にはできても、自分には無理かもしれない」と感じることが少なくありません。

そこで、私たちが取り組んでいるのが**「理念のＤＯ」の共有です。**これは、私たちが大切にしている価値観を実際にＤＯ（実行）した従業員の行動やエピソードを、日報などを通じて全社員に共有する仕組みです。

プリマベーラでは、アルバイトさんを含む全従業員が「日報」を書くルールがあります。その中で、さまざまな「理念のＤＯ」が報告されます。

ある日報にはこんなエピソードがありました。

「貴金属の買取を持ってきてくれたお客様に、無理に買取を進めず、しっかり考えてもらったり、相見積もりをしてもらったりしても大丈夫ですよとお伝えしたところ、『そんな親切なこと言ってくれるのね。あなた名前は？　いつもここにいるの？　話していて感じもいいし、ここに初めて来て正解だったわ♪』と嬉しいお言葉をいただきました」

私たちのリユース事業部では「買取」は非常に重要な業務で、事業の生命線といっても過言ではありません。しかし、その重要な買取においても「お客様が嫌がる買取はしない」という理念があります。

もし、この従業員が多少悩んでいるお客様に対して言葉巧みに買取を進めていたら、一時的には買取できたかもしれません。しかし、それによってお客様の満足度が下がり、悪い口コミが広がる可能性もあったでしょう。私たちは、目の前のお客様が本当に喜んでくれることを何よりも大切にしています。この日報を上げてくれたスタッフは、まさにその理念を実行してくれたのです。

そして、このような「理念のＤＯ」を実行してくれた従業員の日報を「この行動こそが私たちが大切にしている理念の体現です！」と、全社員に共有します。

このような情報は机上の空論ではありません。一緒に働いている同僚が実際に行っている行動だからこそ、他の従業員も「なるほど、こういうふうに動くことが理念のDOなんだ」とリアルに感じることができ、経営理念というベクトルがより深く浸透していくのです。

「理念のDO」をチャットで全社員に共有

☆理念をDOチャット☆　(旧ブログコメント賞チャット)

石橋さん日報より。
お客様の対応はまさに理念のDoですね。
無理矢理押し買いせずに納得して買取に出してもらいたいですね。
それが一番次につながるので。

ピーピー隊長石橋さんに理念のDOでハンコ一個GOOD！！

＞●お客様の声
70代女性二人組「初めてで怖いから一緒に持ってきたの！」
●ライバル情報
都内でロレックスサブマリーナ80万円買取だったそうです！
1点しかないんですね、もういっこサブが欲しくて・・・と店頭にて。

太田店ならロレックス在庫が多いとお話ししました！
●自分の意見
●お客様の声からの気づき・意見

一緒に働いている人の行動が一番腹落ちしやすい

第6章のポイント

・社長と社員の方向性を揃えないと、組織の分断や非効率が生まれるため、ベクトルを統一することが重要。
・「ベクトル用語集」を作成し、社内での言葉の定義を統一することで、価値観のブレを防ぐ。
・ベクトル勉強会を開催し、「なぜその考え方が必要なのか」を繰り返し伝え、価値観をすり合わせる。
・ベクトル勉強会では、言葉の定義だけでなく、具体的な事例を示しながら伝えることで、腹落ちしやすくする。
・ベクトルスライド勉強会を導入し、社長がいなくても価値観を共有できる仕組みをつくる。
・「ベクトルカレンダー」を活用し、毎日価値観を共有する仕組みを整え、繰り返し学べる環境をつくる。
・価値観の浸透は継続的な取り組みが必要であり、繰り返し伝える仕組みをつくることが不可欠。

コラム

一論五例で解説をすると従業員さんの腹落ち確率が上がる

執筆：吉川充秀

プリマベーラの辞書であるベクトル用語集。その辞書をつくっても誰も見ません。だから、その用語解説をするという勉強会を開きます。それがベクトル勉強会です。ベクトル用語集の用語は、会社の共通の価値観の言葉ばかりです。だから、ベクトル勉強会をすればするほど、ベクトル合わせが進みます。さて、そのベクトル勉強会を開催するうえでのコツがあります。それが、一論五例とN1《エヌワン》です。

ベクトル勉強会を聞く対象はさまざまです。新入社員、新入りのアルバイトさんから、社長執行役まで聞きます。役職もさまざまですが、タイプもさまざまです。論理的に話さないと腹落ちしない人もいれば、直感的に話さないと腹落ちしないタイプもいます。だから、**具体例や伝え方を1つしか用意しないと、腹落ちしません。なので、**

勉強会で腹落ちしてもらえるように、複数の例を用意します。これが一論五例です。

例えば、ベクトル用語集の中に、「トイレはその会社の顔です」と書いてあります。これを解説するときに、「トイレが汚かったらどう？　女性だったら、もう二度とこの店に来たくないとかって思うでしょ？　だって、トイレってどこの会社も掃除するじゃない？　その会社のレベルが現れると思わない？　つまり、トイレの掃除のレベルで、会社の方針の徹底具合が透けてみえるよね？」と説明したとします。一部の人は、「ウン、ウン」とうなずいて理解してくれたとします。

ところが、数字で言わないと腹落ちしない従業員さんもいます。そんな彼らのために、別のロジックを用意します。「ＬＩＸＩＬさんの調べによると、実に65％の人が、トイレが汚いと、お店のイメージが悪くなるということがわかっています。女性のほうが、男性よりも7ポイント高く、トイレのきれいさを重要視しています」。

こうやって、**五例と言わずとも、直感的にわかるような例と、論理的に伝わる例とをセットすると、腹落ちが進みます。聞く対象が多い「1対n」の勉強会では、特にこういう工夫が必要になります。**

ちなみに、私は直感派です。だから、私が「素」で物事を伝えると、数字を軽視して伝えます。「トイレ汚いとイヤじゃない？」と。ところが、社長は勉強会の効果を最大化させる必要があります。すると、普段のプライベートではあまり使わない数字によるロジックを持ち出して、説明する必要があります。つまり、**自分の得意な土俵で話をするのではなくて、いろんな相手がいることを想定して、相手の土俵で伝えることが大切になってきます。**

N1に対して話すと、話す対象がしっくりくる

1対nの研修や講演で伝えるときに大切なのは、N1（エヌワン）です。これは本来はマーケティングの用語です。モノを売りたい対象人物を具体的に決めて、その人に、モノが買いたくなるようなマーケティング設計をするわけです。それになぞらえて、研修にもこれを当てはめます。**誰か一人の視聴者を決め打ちして、その人に話をするように組み立てる**わけです。

例えば、合同店長会議で店長以上の70人に対して、ベクトル勉強会を開催したときには、新米店長の利根書店の中里剛《なかざとつよし》をN1にして、彼の顔をイメージして原稿をつくります。彼が、私の話を聞いて、理解してうなずきながらメモをする姿をイメージしてつくると、筆ならぬキーボードがサクサク動きます（笑）。ちなみに、テレビで活躍している、私が大好きな堺正章《さかいまさあき》さんは、「誰か一人のために伝えるように、テレビで話をしている」とおっしゃっていました。栄枯盛衰の激しいテレビ業界で何十年も活躍している秘訣、DMD（違いをもたらす違い）の一つがコレかもしれませんね。

「吉川さんは、話が上手なんだから、社員向けの勉強会とか、別に事前準備しなくてもいいんじゃない?」と時々言われます。私は即興否定派です（苦笑）。例えば、70人の店長以上がベクトル勉強会を聞きます。すると、勉強会の効果は70倍です。録音や録画をして音声化、動画化されるので、実際には社内の200人ほどが聞くことになります。だとすると、勉強会の効果は実に200倍です。

即興で、勉強会をして70点レベルの話をする自信はあります（笑）。ですが、準備をして、N1設定と一論五例を念頭に入れて、原稿の大枠をつくった場合の勉強会の出来映えが100点だとすると、30点マイナスです。マイナス30点の200倍で、マイナス6000ポイント分の腹落ちしない勉強会になります。だから、自分の勉強会の効果を最大化させるために、手を抜かずに、**1時間の勉強会なら、最低でも2時間は準備をして原稿の大枠をつくって臨んでいました。こんなことも、研修効果を最大化させるコツかもしれませんね♪**

研修の効果を簡易測定する方法

ベクトル勉強会を開催したら、以前は参加の皆さんに、その場で勉強になった用語と、その感想を言ってもらっていました。50分の勉強会で7語を解説したとして、10人の参加者が、「私が選んだのはトイレです」と**10人中5人以上が同じ用語しか選ばないような勉強会は失敗です**（苦笑）。残りの6語は刺さっていない証拠です。理想は、感想がばらけることです。「どの言葉も刺さったけど、今の自分の立場だと、トイレが一番刺さったかな」と言ってもらえるのが理想です。役職や仕事内容、脳の構造が違う人たちが集まって勉強会に参加しています。即興で勉強会をすると、腹落ちする、しないは当たり外れが出てくるので、「残り6語は腹落ちしなかった」という悲劇になりがちです……。

先日、倫理法人会のセミナーで40分間「自分を上機嫌にするゴミ拾い習慣」という話をしました。経営者や企業の幹部、ゴミ拾い仙人の吉川ファンなど聞く対象はさまざまでした。その講演後に感想のメッセージカードをいただきました。すると、見事に感想がバラバラになりました。

「ゴミ拾いは宗教も国境も越えることに感動した」

「けしからん、と思いながらゴミ拾いしている自分が間違っていたと気づかされた」

「吉川さんのよき波動を感じた」

「ゴミ拾いって自己肯定感を高めるのかということが目からウロコだった」

「ゴミ拾いが上機嫌になるメカニズムがわかった」

たった40分の講演で、刺さるところが複数あったということです。理想の感想です

（笑）。どうせやるなら、**研修も講演も、一人ひとりにとっての深い気づきになるように、工夫しながら、勉強会を楽しんで開催したいものですね♪**

研修効果を最大化させるラーニングピラミッド

学習効果が高い勉強会とは、どんなものでしょうか。それを表しているのがラーニングピラミッドです（175ページ参照）。多くの場合、研修というとついつい普通の講義形式をイメージしてしまいます。学校の教育で小学校から大学まで受けてきた授業のほとんどがこのスタイルだから、仕方がないのかもしれません。ところが、講義形式で受動的に学んだ学習の定着率はわずか5％。せっかく社長が1時間の勉強会で熱く語っても、わずか100のうち5しか覚えてないということですから、切なすぎます（苦笑）。

先日、南米のペルーのマチュピチュ遺跡に行ってきました。マチュピチュ遺跡の写真をとったり、遺跡の話をガイドさんから聞いたりしましたが、話の内容はほとんど覚えていません。写真を見れば、「ああ、そういえば、こんなところもあったなあ」という程度です。ラーニングピラミッドで言うと、これが学習定着率20％の「視聴覚」に当たります。標高２４００メートルのマチュピチュ遺跡から、標高４０００メートルを超えるボリビアのラパスに移動しました。世界一標高が高い首都として有名な都市です。ここで、私は高山病になりました（苦笑）。頭が割れるように痛く、少し動けば息が切れ、食べたものはすべてくだって出て行きます。高山病という「体験」をしたバスの中での自分、高山病になりながら標高４３００メートル地点でしたゴミ拾いは、昨日のことのように手に取るように覚えています（苦笑）。**「体験」の学習定着率は75％です。**高山病体験は、強烈な経験として残るわけです。

ラーニングピラミッドから、学習効果を最大化させる工夫は明らかです。**講義形式の勉強会を開催したら、討論の時間を設ける。これにより、学習効果は10倍になります。**私たちの会社の社員旅行も、「景色を見たり聞いたり」よりも、「体験」にメインを置きます。キレイな山の景色を見るよりも、一緒にこんにゃくづくりを体験するほうが、「楽しかったなあ」と記憶に定着します。そして、**ラーニングピラミッドの最た**

るものが、「教える」ことです。この効果はなんとなんと90。

プリマベーラでは、同業種からだけでなく、異業種から学ぶことを続けています。その1つに、「ビックリ企業びっくり事例視察研究会」という社外の勉強会があります。1年に5回、1泊2日で日本全国のビックリ事例を見に行くというものです。この勉強会にプリマベーラの社員さんが参加をすると、義務づけられるのが勉強会の開催です。先述したPBA（プリマベーラビジネスアカデミー）で、「先日の沖縄のビックリ企業びっくり事例視察研究会で学んだこと」として45分ほどの勉強会を開催します。

よく**「教えることは二度学ぶ」**ことと言いますが、教えるためには、視察で学んだことを自分なりに整理して体系化する必要があります。そして、このことで強固な学びになるわけです。聴くほうも、勉強会を聴いてZoom上で討論したり話し合います。そのことで、**教える方の学習効果は90、聴くほうの学習効果は50。こうやって、研修の「質」を上げることができるわけです。**

研修の量を増やすことは、時間もお金もかかりますが、研修の質を上げるには、時間もお金もかかりません。このラーニングピラミッドに基づき、研修の効果を最大化

させるように仕組めばいいわけです♪

一生忘れられないような社員旅行を企画して、モチベーションを高める♪

プリマベーラでは、年間の社長賞は1名、優秀社員賞は2名。約400名いる従業員さんから選ばれしベスト3です。社長賞を取ると、給料の号俸が一気に7号俸、優秀社員賞は5号俸上がります。そして賞金も出ます。名刺にスターマークがつきます。そして、「吉川充秀と遊ぶお楽しみツアー」で豪遊ができます（笑）。

2023年の社長賞、優秀社員賞を受賞した3名に、「どこに行きたい？　何をしたい？」と聞くと、さまざまです。一人は、「知床の大自然で野生動物を見たい」と言い、一人は「ナンバーワンのキャバクラに行ってみたい」と言い、一人は「船旅をしてみたい」と言います。私の現在の本職は旅しながらゴミ拾いをする、ゴミ拾いトラベラーです（笑）。日本中、世界中を旅しているので、経験値はそれなりに積んでいます。そこで、彼らの望みをすべて叶えるツアーを企画して引率します。

2023年は4泊5日の豪遊旅行を企画・開催しました。1日目は、都内のミシュランのうなぎ懐石のお店に集合して乾杯スタートです。その後六本木の旧バーレスク東京へ行き、美女とバブリー体験をします。2日目は、飛行機に乗って知床へ。私がレンタカーを運転してドライブしながら、知床の名所を巡って、知床ナンバーワンのホテルに泊まります。受賞者3名が泊まる部屋は、サウナがついているスイートルームです。私が泊まったのは、一番安い窓のない部屋（苦笑）。3日目は、ガイドさんを雇って知床ハイキング。途中で、野生の熊が、川の鮭を捕まえているところを見て、一同大興奮です。知床から、飛行機で札幌に移動して、すすきので、焼き肉の名店へ。そして、すすきので一番大きいキャバクラに行って「勉強」します（苦笑）。4日目は小樽に向かい、予約のとれない寿司屋でお昼ご飯。満腹の体で、気持ちよくみんなで日頃の仕事の疲れをとるためにマッサージを受けて、小樽から出る新潟行きの船で一泊して帰ってきました。社員さんの部屋はスイートルーム。私の部屋は窓なしのステートAです（笑）。

この旅のコンセプトは「一生忘れられないような旅にする」ことです。「ミシュランのうなぎ懐石、美味しかった！」「知床の熊、まじでびびった！」「小樽の寿司屋の穴子が衝撃だった……」「帰りの船から見た朝日がキレイすぎて、泣きそうになった」。5日間、仕事の話は一切せず、他の社員さんのモノマネやバカ話を終始して、笑いすぎて涙が出るほど面白おかしい旅になりました。

社員さんが気を遣います。「こんなに豪遊していいんですか？」と。そこでこう答えます。「**3人が稼いでくれた営業利益を元手にしているから、気遣い無用です♪　そして、3人は将来、プリマベーラを背負う役員や要職につく人だから、今から一流を経験してもらいます♪**」なんて言って、その気にさせます（笑）。

私たちの経費の使い方の基準は「生き金かどうか」です。一度の豪遊旅行で200万円を使ったとしても、その分の価値があれば、安いものです。それを、「一生忘れられないような体験」にすることで、彼らの記憶に残ります。体験はラーニングピラミッドの75ですから。そして、トドメは、「今回の社員旅行の体験を、プリマベーラビジネスアカデミーの勉強会で発表してください」というタスクです（笑）。教えることで、学習効果は90。「吉川さんに、どんなところに連れて行ってもらったんだ？」と他の従業員さんは、興味津々です。だから、この勉強会の視聴率は実に高い（笑）。見ると、「うらやましい‼　自分も、吉川さんに連れて行ってもらいたい。社長賞とるぞー！　優秀社員賞をとるぞー！」と、モチベーションが上がります。

これもモチベーションを高める仕組みです（笑）。**生き金を上手に使って、ラーニングピラミッドに則ると、研修以外の社員旅行すら、従業員さんの強烈な「頑張るモチベーション」になるわけです。**

さて、２０２４年度の社長賞、優秀社員賞者との旅行は、これ以上のスペシャルなツアーを開催しました♪　どんなところに行って何をしたかは、プリマベーラのコンサルタントに聴くか、私のゴミ拾い仙人ブログをご覧くださいね♪

第7章

社長と社員のベクトルを合わせる経営計画書の仕組み

執筆：松田幸之助

ベクトルを合わせる経営計画書の使い方

■価値観の浸透と行動変革につながるようにつくる

ベクトルを合わせるうえで、そして仕組み化経営を進めるうえで最も重要な道具が「経営計画書」です。プリマベーラでは、経営計画書を仕組み化経営の「扇の要」と位置づけています。私たちは経営計画書を、ただの方針書ではなく「成果の出る経営計画書」に仕上げることを重視しています。

経営計画書は企業の根幹であり、それを「成果が出る形」で作成し、浸透させることができれば、経営において非常に強力な**「魔法の書」**となります。しかし、強力であるがゆえに使い方を誤れば、**「成果が出ない悪魔の書」**になってしまう危険性も秘めています。

本章では、成果の出る経営計画書をつくるポイントと、経営計画書を活用した価値観浸透の仕組みについて紹介しましょう。

プリマベーラでは、経営計画書を**「仕組み化経営の土台」**と考えています。土台が弱い家がもろく崩れやすいように、仕組み化経営においても、しっかりとした土台がなければ成功にはつながりません。成果の出る経営計画書を作成することで、仕組み化経営の確固たる土台を築くことができます。

ぜひ、**経営計画書を単なる方針書として終わらせるのではなく、価値観の浸透と行動変革につながる「成果の出る経営計画書」として作成してみてください。それが「仕組み化経営」の第一歩を確実なものにする鍵となります。**

■経営計画書は理念を実現させるルールブック

そもそも、経営計画書とは何でしょうか。**プリマベーラでは、経営計画書を「ルールブック」と位置づけています。**社長が会社をどのようにしたいのか、どうあるべきなのかをまとめるだけでなく、「やってほしいこと」「やってはいけないこと」を明確に定義したものです。

私も多くの経営者とお話しする機会がありますが、その中で頻繁に聞くのが「**社員が思うような行動をしてくれない」という悩みです。その際、「社員にやってほしいことを明記し、共有していますか？」と尋ねると、多くの経営者が「そこまでしていない」と答えます。**

残念ながら、社長の「想い」を察して行動できる社員というのは、よほど社長と近い距離で長年働いてきた人か、もしくは社長を特別に慕っている一部の社員だけです。

大半の社員にはその「想い」が届いていないのが現実です。

その大きな理由は、「想い」を明文化していないからです。会社の規模が小さいうちは、社長が直接指導できる機会が多いため、細かい部分まで伝えることが可能です。しかし、従業員数が増え、拠点が増えると、社長がすべての現場に直接指導することは難しくなります。

その結果、**「社長から直接学んだ組」と「そうでない組」で、考え方や行動に差が生まれます。**前者は「社長の考えに沿った行動」をお客様に対して取るのに対し、後者は異なる行動を取るようになり、この「差」が広がると、従業員一人ひとりがバラバラの動きをするようになります。こうなると「仕組み化」とは程遠い状態になってしまいます。

しかし、従業員数が増える前に「社長の想い」を「経営計画書」というルールブックにまとめ上げることができれば、「なるほど！　お客様の帰り際には買取のご案内をするんだ！」といった具体的な行動方針を、全員にしっかりと浸透させることができます。

従業員の立場からしても「知らないこと」があることが不平や不満の原因になります。場当たり的に、社長が指摘をしたり、改善を求めたりする。ごく当たり前の対応のようですが、このようなことを続けると「社長がこう言っていた」という社員と「私は聞いていない」という社員の間で壁が生じます。聞いていない側の社員は「自分には興味がないから教えてくれなかったのかな」と社長への不信感を抱き、その思いが結果的に方針の実行を妨げることになりかねません。

経営計画書を「ルールブック」として活用することで、社長の想いを全員に届け、不安や不満を解消し、組織全体のベクトルを揃えることができるようになります。

最高ではなく最速で経営計画書をつくる

■まずは50点のたたき台を最速でつくる

プリマベーラが初めて経営計画書を作成したのは２００８年のことです。吉川が、他社を参考に見様見真似でつくりました。その頃の経営計画書は、お世辞にも「成果の出る経営計画書」とは言えませんでした。しかし、私たちはそこから毎年アップデートを繰り返し、現在では成果の出る経営計画書へと進化させてきたのです。

経営計画書やその他の仕組みをつくる際に私たちが大切にしているのは、「たたき」をつくることです。最初から１００％の完成度を目指すのは非現実的であり、膨大な時間と労力を必要とします。そのため、まずは50点くらいの「たたき台」をつくり、そこから改善を重ねていくことが重要だと考えています。

「たたき」がなければ、「改善」をすることはできません。私たちが大切にしているのは、「それなりの仕組み」という「たたき」をつくること。そして、自社に合った成果の出る仕組みに育て上げていくために、改善を繰り返すことです。

実際、なかなか仕組みがつくれていない企業ほど、**「見栄え」や「中身」に過度にこだわりすぎる傾向があるように感じます。**しかし、時代は常に変化し続けています。お客様のニーズも商品も、時代とともに変化します。仮に時間をかけて100%のものをつくり上げたとしても、AI革命や他の予期せぬ変化が訪れた翌日には、その仕組みが使い物にならなくなる可能性だってあるのです。

この考え方を、プリマベーラでは**「最高か最速」と表現しています。**最高のものを追求するか、最速で進めるか、どちらかでないと競争に勝てない。そして私たちは**「最速戦略」を基本的な方針としています。**まずは最速で取り組む。そしてそこから改善を繰り返して最高へと進化させる。この**「最速で動き、最高を目指す」**プロセスこそが、プリマベーラ流の戦略なのです。

経営計画書をアップデートしていく仕組み

■最初は社長一人で、徐々に幹部と一緒に見直していく

経営計画書は、一度つくったら終わりではありません。毎年「改善」を繰り返し、「アップデート」し続けることが重要です。プリマベーラでは、初めて経営計画書を作成した2008年から2013年までは、吉川が一人で見直しを行っていました。しかし、2014年以降は、吉川だけではなく幹部とともに経営計画書の見直しを進める体制に変わりました。

経営計画書を初めて作成する際には、社長自身の「想い」を明文化するために、社

長一人、もしくはごく少数の経営幹部とともに作成するのが効果的です。しかし、経営計画書の作成と浸透がある程度進んできた段階では、幹部とともに作成を行うことをプリマベーラでは推奨しています。このプロセスによって、現場目線の改善点や多様な知見を反映させることができ、経営計画書がさらに強力な道具になるからです。

■方針にするのは「成果が出たこと」

経営計画書を作成する際には、各方針が「成果の出る方針」であることが大切です。業績は「戦略確率×実行確率」で決まるため、戦略（方針）の質が高くなければ、どれだけ現場が実行しても十分な成果を得ることはできません。

成果の出る方針をつくるためには、「成果が出たこと」を経営計画書の方針にすることがポイントです。多くの企業では**「成果が出た取り組み」が「お宝のように眠っている」**ことが少なくありません。営業トークや生産性の高い仕事の進め方など、成功事例が特定の人だけにとどまってしまっている状況がよく見られます。

そのため、プリマベーラでは、経営計画書を作成する際に、まず「成果の出た取り組み」を振り返ることから始めます。そして「これは全員が実施すれば確実に成果が出る！」と確信が持てたものを経営計画書の方針に落とし込んでいきます。

例えば、私たちはストラテジー&タクティクス株式会社の佐藤義典《さとうよしのり》先生からマーケティングを学び、「マインドフロー」という考え方を取り入れています。これは、お客様をファンにするためには、認知、興味、行動、比較、購買、利用、愛情と7つの段階を経るというプロセスを可視化したもので、このマインドフローをもとにした売り場づくりや施策を行ったところ、実際に売上を伸ばす成果を得ることができました（マインドフローの詳細については、佐藤義典先生のご著書『実戦 顧客倍増マーケティング戦略』（日本能率協会マネジメントセンター）をご参照ください。マーケティング力が飛躍的に向上する名著です）。

この実績をもとに、私たちは経営計画書の中に「マインドフローに基づく取り組みを行い、集客・販売を増やす」という方針を盛り込みました。

成果の出た取り組みを「方針」として経営計画書に盛り込むことで、その取り組みや考え方が瞬間的なものに終わるのを防ぐことができます。方針として明文化することで、成果を生み出した取り組みが永続的に活用され、全従業員に浸透するのです。

経営計画書をただの方針書として扱うのではなく、成果を出す行動を定着させるための**「生きたツール」**として活用することで、組織全体の大きな成果を導くことができるようになります。

経営計画書を「即座に」アップデートする仕組み

■経営計画書をアップデートする3ステップ

「成果の出る経営計画書をつくるためには「成果の出た方針」を集め、それを「経営計画書に反映させる」ことが重要です。ここでは具体的なアップデートの流れをご紹介します。

業績＝戦略確率×実行確率です。そして、戦略確率は「報告」と「決定」によって成り立っています。良い戦略（方針）をつくるには「報告」と「決定」が欠かせません。プリマベーラでは、この「報告」と「決定」を効率よく行うために、デジタルツールを活用しています。**例えば、「日報革命」という日報システムで報告を集め、「オンライン経営計画書」というツールで即座に方針を反映・共有できる仕組みを整えています。これらは自社開発したツールですが、「ぜひ使いたい」というお客様の声を受けて、現在では他社向けの提供も行っています。**

具体的な流れは次の通りです。

(1) 日報革命で成功事例を集める

全従業員（約400名）が「日報革命」を活用し、改善提案や成功事例を報告します。**この仕組みがないと、従業員が成果の出た取り組みを共有する場がなく、組織全体での横展開ができません。**現場からの報告を集めることは、成果の出る経営計画書をつくるための第一歩です。

(2) 会議で意思決定を行う

日報革命で集めた成功事例の中から、「これは方針として活用できるか」を会議で議論します。ただし、すぐに方針化せず、他の店舗や部署で実験を行い、確実に成果が出ることを確認してから方針化する場合もあります。

（3）方針を経営計画書に反映する

会議で「経営計画書の方針にする」と決定されたら、ただちに方針として反映します。

ここで問題となるのが「紙の経営計画書」では反映が手間になるという点です。紙媒体だと、変更点を一人ひとり手書きで修正する必要があり、従業員全員に反映するには膨大な時間がかかります。例えば、修正に一人あたり2分かかるとして、400名分修正するには合計800分、つまり約13時間もの時間を要します。

この問題を解決するために、私たちは経営計画書をデジタル化し、「オンライン経営計画書」を作成しました。**オンライン経営計画書では、会議で決定した方針を即座に**

反映できる上、方針変更があった際には自動で通知が飛ぶ仕組みを導入しています。

これにより、従業員への周知漏れも防げます。

栃木県で、ラーメン、からあげ、レストラン、スイーツ事業を展開する株式会社YELLの中村悠二《なかむらゆうじ》社長は、経営計画書をオンライン化するメリットを実感しています。

「オンライン経営計画書の最大のメリットは、時代の変化に即座に対応できることです。昨今のビジネス環境では、朝は『右』だと思っていたことが、夕方には『左』になっているほど変化が激しい。この時、オンライン経営計画書なら、すぐに方向修正が可能です。実際に、オンライン経営計画書を活用した勉強会を開催するなかで、数ヶ月前には当たり前だったことが変更される場面がありました。その際、即座に経営計画書を修正。指示を出し、全体に浸透させることができました。経営の意思決定と実施のスピードが格段に向上する仕組みだと実感しました」（中村悠二社長）

オンライン経営計画書は
方針を即時にアップデートできる仕組み

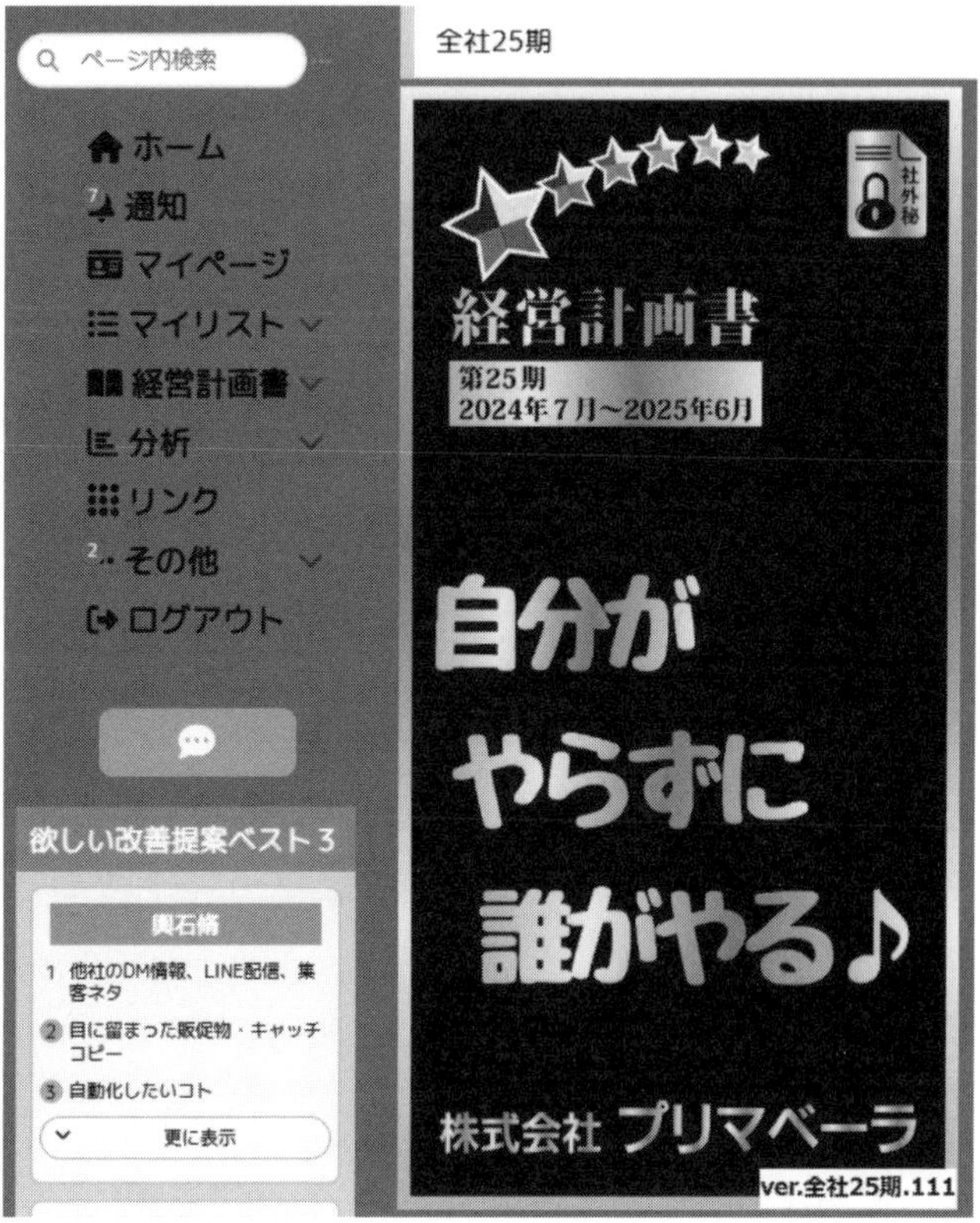

経営計画書がオンラインだからこその特長

3．言える化

（１）リーダーに愚痴

画面上でクリックすると
用語解説がポップアップされます

同僚・メンバーに言うのはマイナス評価です。

（２）解決できない悩みは、気軽に**社長・事業部長・組織文化委員会メンバーの直チャット、日報革命のダイレクトメッセージで伝える。**

（３）悩みは、組織文化委員に日報革命のダイレクトメッセージ、直チャ　る。
組織文化委員から　とする。

リンクを押すと
マニュアルが開きます

◆全員面談マニュアル

（４）飛び越し報告、飛び越し命令はどんどん行う。飛び越した人へは配慮する。

★354ザッソウ

（５）わからないことが
する。わからな

リンクを押すと社長による
用語解説動画が流れます

★410質問責任

4．リーダーとメンバーのコミュニケーション

（１）面談

①リーダーは、メンバーとマンツーマンで話ができる場を設定し、2ヶ月に一回、決められた時間の範囲内で面談する。

②必要に応じてリーダーは別途面談をする。

③面談をやらない、怠った場合はC評価とする。

★607伝わってない

◆面談マニュアル

日報革命で成功事例を集め、会議で意思決定を行い、オンライン経営計画書に反映するというプロセスを繰り返すことで、経営計画書を成果の出る方針書へとアップデートしていきます。この仕組みこそが、成果の出る経営計画書を最速でつくり上げる秘訣です。

方針を伝わりやすくする仕組み

■小学生でもわかる言葉を使う

成果を出す経営計画書をつくるために、プリマベーラでは数々の試行錯誤を繰り返してきました。その中でも特に効果的だったポイントの1つが、**「経営計画書の言葉選び」**です。どれだけ社長が熱意を込めてつくった経営計画書でも、従業員が「理解」できなければ意味がありません。そのため、プリマベーラでは**「難しい言葉を使わない」というルールを設けています。**

経営計画書の目的は、「方針を従業員が理解し、実行して成果を出すこと」です。

それを実現するためには、誰もが読みやすく、理解しやすい言葉を使うことが欠かせません。

経営計画書に英語やカタカナ用語を多用すると一見するとかっこよく感じるかもしれません。しかし、現場で働く従業員にとっては、そのような言葉が意味不明だったり、抽象的で行動に結びつかなかったりすることがあります。

社長や経営層からすれば「当たり前」のことでも、現場では「当たり前」ではないケースが多々あります。実際、プリマベーラの経営計画書にも、かつては難しい表現や読みにくい漢字が使われていた時期がありました。その結果、一部の従業員が内容を理解できず、方針の実行や価値観の浸透が滞る原因になっていました。

例えば、経営計画書にある「環境整備に関する方針」には**「心が荒まないように、場を清める」**という表現があります。**「荒まないように」**を**「すさまないように」と読める人もいるかもしれませんが、実質小卒の私は当時読めませんでした（笑）**。こうした読みにくい漢字や表現があるだけで、現場の従業員が経営計画書を敬遠してしまうこともあります。そのため、現在では経営計画書のすべての難しい漢字にふりがなを振るようにしています。

プリマベーラの仕組みが「わかりやすい」とよく言われるのも、このような小さな取り組みの積み重ねの成果です。それもそのはず。私たちの基本方針は「小学生でもわかる、つまり松田でもわかる」を目標に仕組みをつくっているからです。

不本意ながら（?）プリマベーラには「松田がわかればみんなわかる」というフィルターがあり（笑）、誰でも理解しやすいような表現や構成を徹底しているのです。その結果、現場の従業員がスムーズに方針を実行できる環境が整い、成果につながっています。

イラスト・動画・音声の仕組み化でより伝わりやすくする

■イラストは簡潔に伝える仕組み

経営計画書をわかりやすくするための工夫は、言葉選びだけではありません。**「文字」だけでなく「イラスト」を活用することで、さらなる理解促進を図ります。**経営計画書はどうしても文字が多くなりがちですが、近年では文章を読むのが苦手な人が増えている傾向があります。実際、プリマベーラでも「本は読めないけれど、マンガなら読める！」という社員がいたりします。

そこで、経営計画書にイラストを取り入れ、視覚的に理解しやすい内容にしています。

例えば、**経営計画書に「正しい姿勢」という方針があります。これを文章で説明すると「背筋を伸ばし、足の開きは60度、左手を上にしておへその上で手を組む」といった内容になりますが、文章だけでこれを理解するのは簡単ではありません。**

しかし、イラストで表現するとどうでしょう。手の位置や足の開き具合が一目でわかり、「なるほど、こういう姿勢をとればいいんだ」とイメージがつかみやすくなります。このように、文章では伝わりにくい内容も、イラストを使うことで簡潔に伝えられるのです。

■経営計画書に方針解説動画を紐づける

さらに、**プリマベーラのオンライン経営計画書では、文字やイラストに加えて「動画」や「音声」を活用し、方針の理解をさらに深められる仕組みを整えています。**毎朝実施している「ウンパニ体操」という表情筋を鍛える体操では、文章だけではその動きをイメージするのが難しいため、イラスト化していますそれでもわかりにくい

オンライン経営計画書に
イラスト、動画、音声を紐づける

正しい姿勢、立腰の姿勢

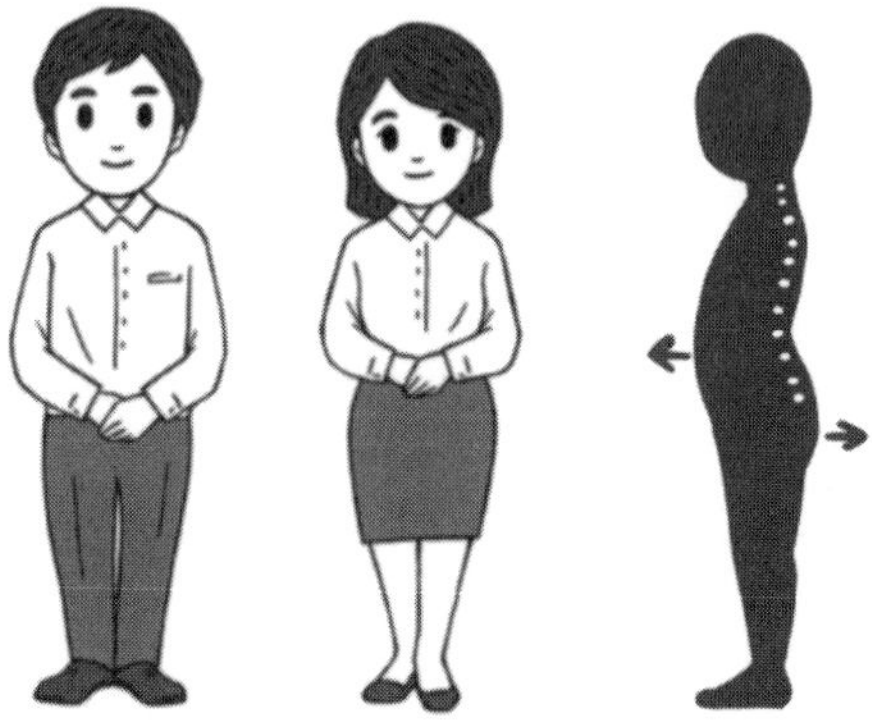

【男性】
背筋を伸ばし、
足の開きは 60 度、
左手を上にして
おへその上で手を組む。

【女性】
背筋を伸ばし、足の開きは 30 度、左足のかかとを右足の土踏まずにつけて、左手を上にして、おへそより上で手を組み、脇を強く締める。

【立腰】
(1) おしりを思い切り後ろに引く。
(2) おへそをできるだけ前につき出す。

ウンパニ体操

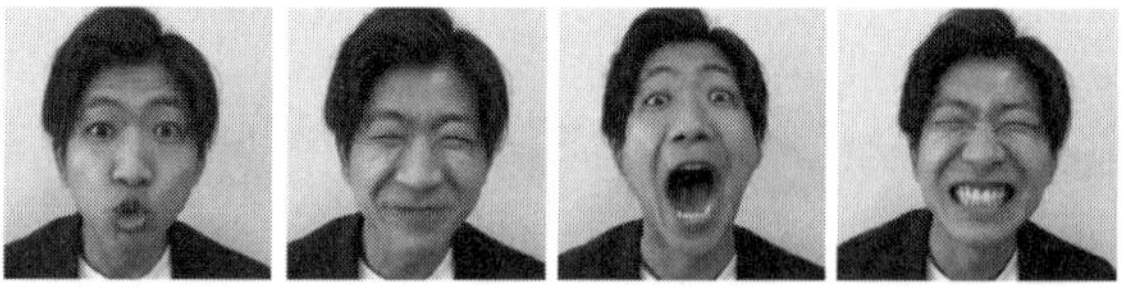

【ウ〜】
目を大きく見開き
口を尖らせる

【ン〜】
大げさに
目と口を閉じ
口角を上げる

【パ〜】
大きく口を開け
「パッ」と息を吐く

【ニ〜】
歯列をそっと
あわせ「ニッ」

人のために、体操を実演した動画を作成し、経営計画書に紐づけています。

文章で伝わらなければイラストで補い、それでも伝わらない場合は音声や動画で補完する。この多層的な伝達方法により、方針の理解度を大幅に向上させることが可能です。

現在、**プリマベーラのオンライン経営計画書には、１００本以上の方針解説動画が紐づけられています。**これにより、文章では理解しづらい内容も、動画を視聴することでしっかりと理解できるようになっており、全従業員が価値観を共有し、同じ方向を向いて行動できる仕組みが完成しています。

社員の行動を変える「今期のキャッチコピー」の仕組み

■考え方が揃い、行動を変え、結果につながる

経営計画書の方針を従業員に浸透させ、行動を変えるうえで非常に効果的だったのが**「経営計画書に今期のテーマ（キャッチコピー）」をつける取り組みです。**

プリマベーラでは2010年から、毎年その年のテーマとなるキャッチコピーを作成し、経営計画書の表紙に刻印しています。このキャッチコピーは、社員にメッセージを強く印象づけ、考え方や行動に直接的な影響を与える重要な役割を果たしています。

ある年のキャッチコピーは「打つ手は無限」でした。当時、私たちが運営していた「利根書店」という業態は市場全体が右肩下がりの厳しい状況にあり、ライバル店の多くも「売上が減るのは仕方ない」という諦めの雰囲気に包まれていました。そのようななか、利根書店の店長やアルバイトスタッフも、昨年対比の売上減少に対して「しょうがない」と考える空気が漂っていました。

そんな状況で開催されたのが「経営計画発表会」です。経営計画発表会は、年に1度ほぼすべての正社員が集まり、社長より「今期の方針」が発表される場です。その場で吉川が発表したテーマが「打つ手は無限」でした。このテーマには、「お客様に喜んでもらうための取り組みは無限にある。今やっていることが最高だと思わず、さまざまな実験を通じてより良いお店をつくっていこう」という吉川のメッセージが込められていました。

このテーマが発表されるや否や、社員の考え方が大きく変わりました。当時の日報には、「打つ手は無限だから頑張ろう！」「いろいろな実験を試してみよう！」といっ

キャッチコピーは経営計画書で成果を上げる仕組み

た前向きな記載が目立つようになり、それまでの「仕方ない」という諦めムードが「まだまだできることはある」という挑戦的な雰囲気に一変したのです。これをきっかけに、減少基調だった利根書店の売上がV字回復して、その後7年間にわたって既存店売上が前年を超え続ける原動力になりました。

このように、「今期のテーマ（キャッチコピー）」は、社員の考え方を揃え、行動を変え、結果として成果につながる力を持っています。

プリマベーラ本社には、これまでの歴代キャッチコピーが展示されており、それぞれが当時の状況に合わせた成果を引き出す役割を果たしてきました。経営者の皆様にも大変好評をいただいている取り組みで、参考にされる方も多いです。

プリマベーラのバックヤードツアーでは、これらのキャッチコピーもぜひご覧いただき、経営計画書で成果を上げるためのヒントを探してみてください。キャッチコピーをうまく活用することで、社員の心に響くテーマをつくり上げて、組織全体をポジティブなベクトルに動かす力を実感していただけるはずです。

第7章のポイント

- 経営計画書は、社長と社員のベクトルを合わせるための最も重要な道具であり、企業の「ルールブック」となる。
- 社員に「やってほしいこと」「やってはいけないこと」を明文化し、共通の行動基準を持たせることが重要。
- 経営計画書には「成果の出た取り組み」を積極的に反映させ、実践的な内容にアップデートし続ける。
- 成功事例を日報や会議で収集し、経営計画書に即座に反映することで、実用性の高い方針書にする。
- デジタル化された経営計画書を活用し、変更点を迅速に共有できる仕組みを整える。
- 誰でも理解できるように、難しい言葉を避け、イラストや動画を取り入れたわかりやすい内容にする。
- 社員の意識と行動を統一するために、「期のキャッチコピー」を設定し、経営計画書に刻む。

コラム

経営計画書はマネをする

執筆：吉川充秀

ゼロからイチにするのは大変です。経営計画書をゼロからつくるのは、膨大な労力が必要です。そんな時に大切なのは、とにかく「マネする」ということです。前著、『ヤバい仕組み化』でも言いましたが、**成果が出たことをマネする**のです。だから、成果が出ている会社の経営計画書をできうる限りマネすることをオススメします。最初から１００点のものをつくろうとすると、いつまでたってもできません。最初は50点、いや30点程度でいいと思えば、「それなり」の経営計画書ができます。

その「それなり」の経営計画書をあとはブラッシュアップしていけばいいのです。30点を31点に、32点に……とブラッシュアップしていけば、最終的に自分の満足する及第点の経営計画書ができあがります。私たちの会社のベクトル用語集に「最高か最速」という言葉があります。

【最高か最速】
最高のものを生み出すか、最速でコトを進めるか。どちらかでないと勝てない。わが社は最速戦略です。

最速戦略の基本的な方法がマネです。しかも、「猿まね」をする。そして、猿まねから改善していくのです。

ところが、**経営計画書の場合、問題になるのは、紙として印刷をすると変更が容易ではないということです。**とくに、**経営計画書を初めてつくる社長ほど、最初につくった経営計画書の文面を見て「こうすればよかった、もっとこっちの表現のほうがいい」と思うことがたくさん思いつきます。**30点の経営計画書だから、きわめてイマイチな経営計画書なわけです（苦笑）。経営計画書を18年間つくり替え続けている私たちの会社ですら、第25期の経営計画書は、期首から234日たった現在、実に111ヶ所の改善が加えられています。

初めて経営計画書をつくる会社ほど、デジタルにすることをオススメします。そうすれば、30点の経営計画書を毎日肉づけして、日に日に理想の経営計画書に近づいていきます。アナログでつくれば、変更は1年後。その間に、経営計画書がますます陳腐化され、社長すら読まない、引き出しの奥の「過去の遺物」へと化しやすいわけです。

経営計画書づくりに従業員さんを参画させる

経営計画書には、いろんな方針が載っています。経営計画書も最初はトップダウンで社長が一人で作成したほうが、早くつくれます。社員さんを入れると、「最速戦略」になりません（苦笑）。船頭多くして船、山に上るように、暗礁に乗り上げる可能性大です。企業規模にもよりますが、経営計画書をつくって3年から5年は、社長一人で創り上げることをオススメします。そして、**経営計画書を使った方針教育、つまりべ**

クトル合わせが進んできたら、幹部を経営計画書のアセスメント（改善して修正する活動）に参加させます。

プリマベーラでは、社長が議長になって、幹部10人ほどと、経営計画書のアセスメント合宿を開催してきました。例えば、群馬県の四万温泉の温泉旅館を2泊3日くらいで借りて、そこを会場にします。浴衣姿になって、リラックスした雰囲気に意図的にして、言いにくい意見も出しやすいような環境を整えます。こういう**「ブレーンストーミング」会議のときによく使う切り口が、「3Hプラス1」**です。議長である社長の私がこう切り出します。

「今日は、**本気、本音、本質で**語りましょうね。何を言っても結構です。ただし、**配慮は**必要です。誰かを個人攻撃するようなことは、やめましょうね」

この3Hプラス1を、ブレスト会議の最初に言うだけで、スイッチが変わります。議長の私は、参加者が、「この方針は、このように変えたほうがいいのではないか」と発表すると、「なるほどなあ。天才だね♪　素晴らしい♪」と社長の私が言っておだてて、**心理的安全性を醸成します**（笑）。こうやっておだてると、本音がゾロゾロ出てきます（苦笑）。「ぶっちゃけ、この方針は、全然できてないから、削除したほうがいいと思います」とか。さて、大所から見て、この**経営計画書の方針作成合宿のねらいは何かというと、「従業員さんによる経営への参画」**です。**経営者以外にとって、経営は「タニンゴト」です。「それは社長の仕事でしょ」と思うと、本気でコミットしません。それを、経営計画書アセスメントメンバーに入れることで、「ジブンゴト」に変えられます。**

ちなみに、経営計画書の方針合宿で一番活躍した人は、露天風呂付きの最高の部屋に泊まれます。３Ｈで意見をあまり出さなかった人は、いびき部屋と言って、体格のいいいびき軍団と一緒の部屋に泊まるという地獄体験ができます（苦笑）。**ちょっとした賞と罰も入れると、楽しくなります**（苦笑）。「いびき部屋で泊まって地獄だった、二度とあの部屋で寝るのはイヤだ」と思えば、それ以降は真剣に3Hで意見を言ってくれるようになりますから（笑）。これも頑張らざるを得ない仕組みの1つですね♪

なお、経営計画書のアセスメント合宿では、これ以外にもいろんな「技術」を駆使しています。ぜひ、コンサルティング事業部の社員に聞いてみてくださいね♪

経営計画書で理念を語る

経営計画書で、最も大切なことは何でしょうか？　私たちの考えは、**「経営理念を実現することこそが経営の目的である」**です。だから、**経営計画書とは、経営理念を実現するための書**なわけです。

私たちは「仕組み化経営」を標榜しているので、ドライで強《したた》かな会社だと思われがちですが、最も大切にしているのは想いの部分である経営理念です。その**理念を実現する手段として、仕組みをつくっているに過ぎません。**

経営理念に関するページで、実に8ページを割いています。そのうちの1つが「17条理念」というもの。聖徳太子の十七条憲法をマネしてつくっています（笑）。経営に関する用語を、理念という言葉を使って、定義しています。理念経営をしている、古田土会計事務所さんからパクって、自分たちなりにアレンジしています。

例えば、17条理念の16番目には、利益をこう定義しています。

「利益とは、経営理念を実行し続けるために必要なものです」

利益とは、事業存続費である、なんて言葉を聞いたことがないでしょうか。会社経営が黒字で利益があるからこそ、事業が存続できるということです。そう考えると、利益とは会社で最も大切な経営理念を実行するために必要なものだと腹落ちします。**利益の必要性を、理念から説くと、論語とそろばんが見事に一致するのです**（笑）。**経営理念はとどのつまり、従業員さんの物心両面の幸せに行き着きます。そのためには、お客様を喜ばせて、必要な利益を出す必要があるわけです。「利益があるから、自分たちの幸せがあるのか」と経営の主体である従業員さんがわかれば、一人ひとりが、利益を最大化する成果脳になる必要性が腹落ちします。**

ベクトル用語集は経営計画書の補足解説書

経営計画書の17条理念の2番目に「信用とは経営理念に対する正直さの証です」と書いてあります。ところが、信用という言葉は、言葉の定義が広く、よくわかりません。そこで信用という言葉を広辞苑やネットの辞書で引くのではなく、自社の辞書で引きます。ネットの辞書で引くと「【信用】信じて用いること」と書いてあります。なんのこっちゃわかりません。そこで、プリマベーラで言う信用を定義しています。

【信用】
言っていることとやっていることが同じであり続けると、築かれます。社会でもっとも重要な資産です。

こう書いてあると、「なるほど！」とわかります。プリマベーラで言う信用とは、「言行一致」のことです。ところが、辞書をわざわざ引くかと言えば、引きません。そこで、工夫が必要です。オンラインの経営計画書内にポップアップが出てくるようにします。すると、**経営計画書を読みながら、ベクトル用語を理解できる。社長の意図と、従業員さんの認識のズレが減ってきます。つまり、ベクトル合わせに一役買うわ**

けです。

私たちが頻繁に使う「成長」も、ネット辞書を見ると、

「【成長】　育って熟すること」

とあります。

ところが、プリマベーラの辞書では、

【成長】

今までできなかったことができるようになることと、今までできたことがさらに良くできるようになることです。

と書いてあります。このように、**広い解釈ができるような曖昧な用語ほど、自社なりの定義をすることをオススメします。**言葉を定義することで、認識のズレを減らし、経営計画書の理解を早め、ベクトルを合わせることを加速させることができるわけです。

第8章

仕組みで人を教育し、人が仕組みを磨く

執筆：松田幸之助

人財教育の仕組み化のゴール

■仕組みを動かす人を育てて実現すること

ここまでで私たちのマネジメント方程式＝スキル×モチベーション×ベクトルについて解説をさせていただきましたが、最後に、マネジメント方程式と決定サイクル（業績＝戦略確率×実行確率）の立ち位置の違いと、成果を出す仕組みをつくるための重要なポイントをお伝えいたします。

私たちの仕組みの考え方をシンプルにまとめると「仕組みが人を動かし、人が仕組みを動かす」になります。

先述した通り、成果を出す方程式は「戦略確率×実行確率」で表すことが可能です。そして戦略確率には報告と決定の要素、実行確率には実施とチェックの要素があります。

「日報の仕組み」があることで「報告」をする必要があり、「日報の仕組みがあることで人が報告をする」という「仕組みが人を動かす」状態になるわけです。

しかし、当然ながら仕組みを動かすのは「人」です。残念ながらどんなに成果の出る「仕組み」を構築したとしても「その仕組みを動かす人」次第では、効果が半減したり、倍になったりするのです。

では、**仕組みを動かす「人」をどのように教育すればいいのか。それが本書のメインテーマのマネジメント方程式「スキル×モチベーション×ベクトル」でした。**

日報の仕組みを導入して日報が上がってくるようになってきた。しかし、日報を上げるのが10名中3名で、残りの7名は上げてくれないとなると、日報の効果は30％しか得られていないことになります。

また、仮に日報が10名中10名から上がっているとしても「日報の質」が低ければ、これもまた日報の仕組みを最大限に活かせていることにはなりません。

なぜこのような問題が起きてしまうのか。それは「日報という仕組みを動かす人」について考えが不十分だからです。


日報を上げてくれる人が少ない、日報の質が低いとなるとその要因は「スキルが足りないのが原因なのか?」「モチベーションが低いのか?」「日報を書く理由が伝わっていないのか?」というマネジメント方程式のスキル・モチベーション・ベクトルのどこに課題があるのかを考えます。

スキル不足で日報が書けないのであれば、どのように日報を書くといいかを社員教育で教えてあげればいいのです。

モチベーションが低いのであれば、モチベーションを高めるようにコミュニケーションをしっかり取ったり、日報を書く理由がわからなければその理由をベクトル合わせをして伝えていけばいいのです。

大切なのは「仕組みが人を動かし、人が仕組みを動かす」という視点です。成果を出す仕組みをつくることは重要です。同時に仕組みを動かす人を育てることも重要なのです。

そして、「人財教育の仕組み」ができあがると、この「仕組みが人を育て、人が仕組みを磨く」といった「成果の出るサイクル」を「仕組み」で回すことが可能になるのです。

重点的な仕組み化が成果を生む

■一番伸び代がある要素から仕組み化していく

プリマベーラの仕組み化経営は至ってシンプルです。なぜならば、成果を出すためには次の7つの仕組み化経営の要素と、仕組み化経営のOS（オペレーティングシステム）の要素の中から「一番伸び代がある要素」を選び、そこに対して重点的に仕組みをつくっていけばいいからです。

仕組み化経営の7つの要素

・業績方程式①＝戦略確率×実行確率（決定サイクル：報告、決定、実施、チェック）

・業績方程式②＝マネジメント方程式（スキル×モチベーション×ベクトル）
〈1〉報告
〈2〉決定
〈3〉実施
〈4〉チェック
〈5〉スキル
〈6〉モチベーション
〈7〉ベクトル

仕組み化経営のOS

・経営計画書
・物的環境整備
・お客様第一主義

これらの要素の中から、経営の課題を見つけ出し、重点的に手を入れていくことで、毎年「成果の出る仕組み」が積み上がっていきます。

プリマベーラも最初は経営計画書や環境整備といった仕組み化経営のＯＳづくりから始まりました。そこから毎年少しずつ「決定の精度を高める会議の仕組み」を構築したり、「実施の精度を高めるためのマニュアルの仕組み」を構築したりと、１つひとつ仕組みをつくり、積み上げてきたのです。

私たちが仕組みづくりのお手伝いをさせていただいているお客様でも、毎年「テーマ」を決めて仕組みづくりを行っています。一番手を入れると成果が出る箇所を見つけ出し、そこに重点的に取り組むのです。そうすると、組織の変化が生まれ、やがてそれが成果につながっていくのです。

仕組み化経営のOS

環境整備・経営計画書・お客様第一主義

報告

・日報革命の仕組み
・ChatWorkの仕組み
・Discordの仕組み
etc

決定

・社長の意思決定の仕組み
・会議の仕組み
・経営計画書の仕組み
・経営計画資料の仕組み
・社長の仕事術
・データドリブンの仕組み
etc

実施

・人事評価制度の仕組み
・GPDCAYサイクルの仕組み
・物的環境整備の仕組み
・情報環境整備の仕組み
・Google Workspaceの仕組み
etc

チェック

・物的環境整備点検の仕組み
・情報環境整備点検の仕組み
・CSC の 仕 組 み（カスタマーサービスチェックの仕組み）
・タスクチェックの仕組み
etc

スキル

・社員教育の仕組み
・幹部教育の仕組み
・OJTの仕組み(オン・ザ・ジョブ・トレーニングの仕組み)
・PBA の 仕 組 み（プリマベーラビジネスアカデミーの仕組み）
・アルバイト即戦力化の仕組み
・社内勉強会の仕組み
etc

モチベーション

・ニコニコワクワク研修の仕組み
・コミュニケーション会の仕組み
・コミュニケーションの仕組み
・さし飲みの仕組み
・社員旅行の仕組み
etc

ベクトル

・経営計画発表会の仕組み
・経営計画書の仕組み
・朝礼の仕組み
・ベクトル用語集の仕組み
etc

仕組み化経営のゴール「自走化」と「自創化」を実現する

■成果を出す考え方の核心とは

私たちの仕組み化経営のゴールは「自走化」と「自創化」です。

「自走化」とは「決められたことを自分で行動すること」を意味します。
一方、「自創化」とは「自分たちで考えて決めて、自分で行動すること」を指します。
この2つの段階を経て組織を進化させることが仕組み化経営の最終目標です。
まずは「自走化」からスタートです。仕組み化経営を進め、仕組み化経営のOS

（経営計画書、環境整備、お客様第一主義）が整うと、決定サイクル（報告、決定、実施、チェック）が回り始めます。この段階では、経営計画書に明確に定められた方針に基づき、従業員一人ひとりが「決められたことを自分で行動」できるようになるのです。

自走化を目指すステージでは、「仕組み化経営のOS」をしっかりと整え、**「方針を実行する組織づくり」**を目指します。組織が自走化すると、決定サイクルの「報告」と「実施」が自走化され、組織全体が成果を出せるようになります。これが最初に達成すべき目標です。

次に目指すのが「自創化」です。この段階では、従業員が自ら考え、自ら行動を決定します。自創化は、自走化よりもはるかに難易度が高いプロセスです。なぜなら、ここでは「決められたこと」を実行するだけではなく、「何を実行するべきか」を自分たちで判断し、意思決定をしなければならないからです。

プリマベーラでも、吉川が会長に就任してから、経営幹部たちは「指示ゼロ」の状態で進む必要がありました。最初は戸惑いがありましたが、**吉川が残してくれた「成果を出す考え方」という仕組みが、私たちの支えとなりました。この仕組みに基づき1つひとつ丁寧に実施していくことで、徐々に自創化が可能となり、吉川が会長となった後も、継続的な増収増益を実現できています。**

この**「成果を出す考え方」の核心が「GPDCAYサイクル」です。**このサイクルは、私たちが自創化を進めるうえでの羅針盤として機能しています。

最後にこの「GPDCAYサイクル」をご紹介し、本書を締めくくりましょう。

自創化組織をつくるGPDCAYサイクルの仕組み

■G＝期待成果を明確にし、Y＝横展開する

本書のメインテーマは「マネジメント方程式＝スキル×モチベーション×ベクトル」でした。そして、マネジメントとは「実行確率」を高めることが目的でした。スキル、モチベーション、ベクトルの要素を高めることで実行確率を上げ、実行確率が上がることで「報告・決定・実施・チェック」という決定サイクルが加速度的に回り出し、成果が最大化されるという考えです。

実行確率を高め成果を出すために、もう1つ重要な「成果を出す考え方」がありま

す。**それがプリマベーラ流のＰＤＣＡサイクルである「ＧＰＤＣＡＹサイクル」です。通常のＰＤＣＡサイクルとの違いは、Ｐ（プラン）の前に「Ｇ（ゴール）」があり、Ａ（アセスメント）の後に「Ｙ（横展開）」があるという点です。**

Ｇは「ゴール」、つまり**「期待成果」**を指します。期待成果とは、その取り組みを行うことでどれだけの成果が見込めるのかを事前に考える思考法です。ＰＤＣＡのＰを決める前に、そのプランを行うことでどの程度の成果を期待できるのかを明確にするのがポイントです。

例えば、本書を読んでプリマベーラのバックヤードツアーに興味を持ち、参加を検討したとします。このとき、単に「参加しよう」と決めるのではなく、**「バックヤードツアーに参加することでどんな成果が期待できるのか」**を考えます。具体的には「環境整備の具体的な取り組みを学ぶことで、一人あたり月に30分の業務時間削減が可能になる」といった期待成果を設定します。

期待成果を考えるときには「掛け算」を意識します。例えば、一人30分の削減が30人の組織全体で実現すれば「30分×30人＝900分（15時間）」、これが1ヶ月分の効果です。さらにこれを12ヶ月に広げると「900分×12ヶ月＝1万8000分（180時間）」の業務削減効果となります。仮に社員の給料が時給換算で2000円だとすると「180時間×2000円＝36万円」の最適化効果が期待できます。同様の改善をあと2つ見つければ、**バックヤードツアー参加による期待成果は「年間108万円以上」となります。**

プリマベーラのバックヤードツアーの参加費は1名あたり4万4000円ですが、このように期待成果をしっかりと考えることで、「すぐに元が取れる」と判断できます。「バックヤードツアーに行きたいんです」と上司に伝えるだけでは承認が得られにくいかもしれませんが、「年間108万円以上の業務最適化が期待できるバックヤードツアーが4万4000円で参加できるのですが、参加してもよろしいでしょうか?」と提案すれば、上司も**「ぜひ行ってきてください」**となるでしょう。

プリマベーラのバックヤードツアーに参加したいと思った幹部の皆様は、ぜひ、このように社長に提案してみてください（笑）。

期待成果（G）を明確にしたら、プラン（P）を立て、実行（D）に移します。先ほどの例では、バックヤードツアーに参加し、学びを得ることが実行に当たります。その後、チェック（C）を行い、期待成果がどの程度実現可能だったのかを検証します。アセスメント（A）の際には「◯（成功）」か「×（失敗）」かを見極めることが重要です。

成果が出たプランについては、最後にY（横展開）を行います。一人あたり30分の業務削減が可能な方法を全従業員100名に広げることで「30分×100名＝3000分（50時間）」、年間では「50時間×12ヶ月＝600時間」の削減効果が得られます。時給2000円だとすると、「2000円×600時間＝120万円」分の経費削減につながります。これがGPDCAYサイクルの強みであり、**成果を「掛け算」で増やしていく仕組みです。**

自創化組織をつくるGPDCAYサイクル

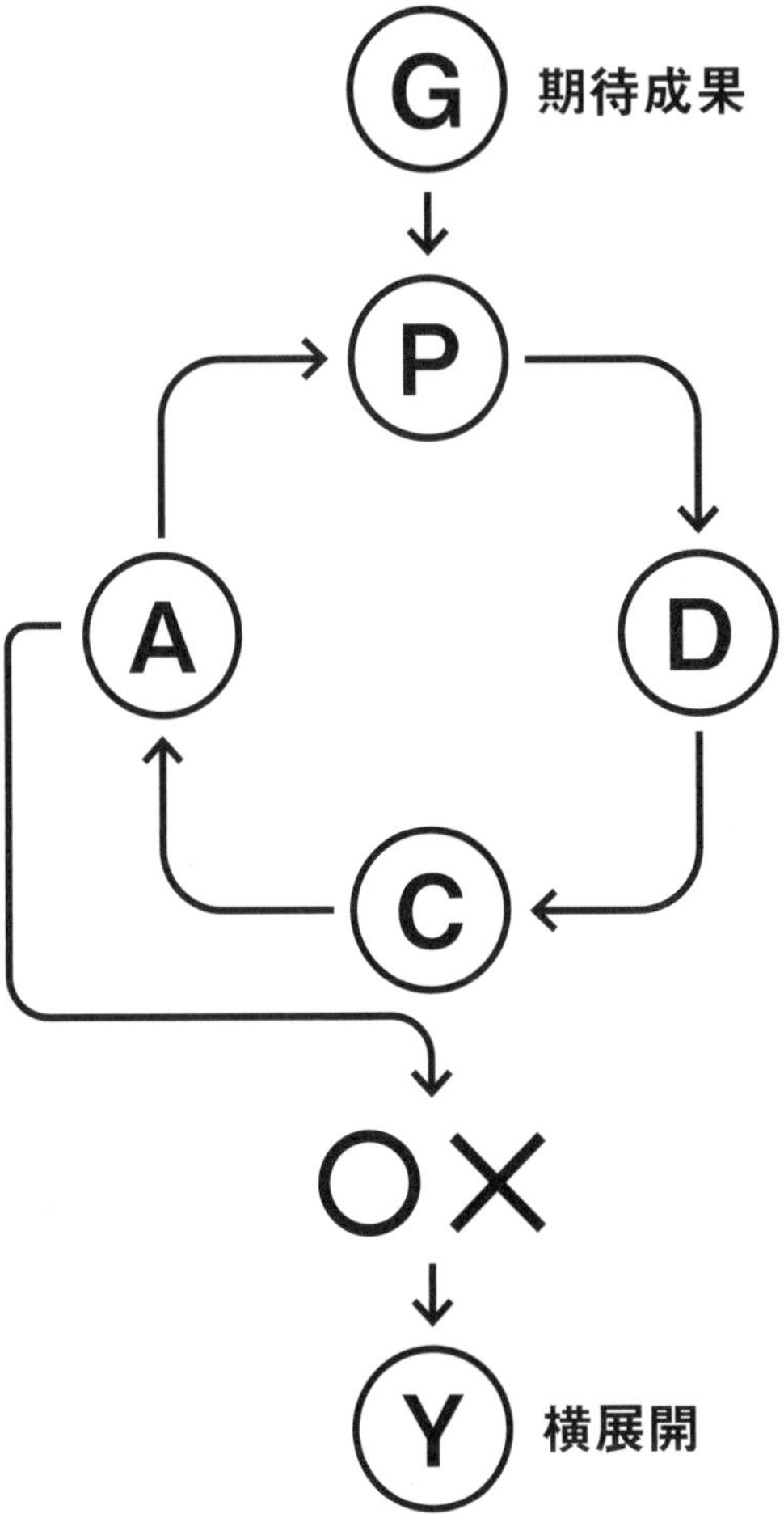

埼玉県で石油製品の販売を行う田島石油株式会社さんは、埼玉ＤＸ大賞優秀賞、経済産業省ＤＸセレクション優良事例企業に選定される優良企業です。同社の田島洋一《たじまよういち》社長は、人財教育の仕組み化に取り組むなかで、社員がライバル情報を収集し、日報にアップするなど、実行確率が確実に上がっていると感じています。なかでも、ＧＰＤＣＡＹサイクルの仕組みには、大きな手ごたえを得ていると言います。

「Ｇがあることで、判断、評価が明快ですし、Ｙで組織が横串で連携でき、浸透がはかれています。タスク化、定期的な会議によるチェックで実行確率は上昇。私が管理職に『あなたの仕事は？』と聞くと、皆オウム返しで『実行とチェックです』と答えるほどです（笑）」（田島洋一社長）

■ＧＰＤＣＡＹサイクルを一人で回せる人財をつくる

スキル・モチベーション・ベクトルが高まり、「自創」できるようになった社員たちは、**自らこの「GPDCAYサイクル」を回せるようになります。通常、「チェックやアセスメント」は上司とともに行うことが大半ですが、「自創社員」は「GPDCAYサイクルのすべて」、すなわち期待成果を算出して、自ら施策を「決定」して、実施、セルフチェック、アセスメント、横展開まで一人で回せるのです。**

もちろんプリマベーラも、全社員が自走・自創の社員というわけではありません。**だからこそ、マネジメント方程式のスキル・モチベーション・ベクトルを高めることに、すなわち「人財教育」に「終わりはない」と考えています。**

この本を執筆している2025年3月現在も、AIの進化は目覚ましいものがあります。時代の変化とともに、社員教育のやり方も変わっていくでしょう。

それでも、私たちはお客様の喜び、社員の幸せという経営理念の実現のために「人財教育の仕組み化」をこれからも続けていきます。

最後に、17年間という長い長い年月をかけて、「人材（一歩間違えたら人罪だったかも）」だった私、松田幸之助をここまで成長させてくださった、当社会長・吉川充秀に、心から感謝を申し上げます。

また、経営の原理原則を徹底的に教えてくださった株式会社武蔵野の小山昇社長・矢島茂人専務。コミュニケーションやチームビルディングのいろはを学ばせていただいた株式会社ＮＳＫＫグループの賀川正宣会長。そして、本書には書ききれなかった多くの方々のご縁と学びのおかげで、私は成長し、この本を執筆することができました。

この場を借りて、皆様に心より感謝申し上げます。

本当にありがとうございます！

私たちプリマベーラは、これからも「成果の出る仕組み」をさらに磨き上げていくことをお約束します。

ここには書ききれなかった「成果の出る仕組み」や「成果を出す考え方」について、YouTube、ポッドキャスト、X（旧Twitter）などを通じて情報発信しています。本書を手に取っていただいた皆様が、より「成果の出る仕組みづくり」を実践できるよう、今後もお手伝いできればと思っています。ぜひ、チャンネル登録やフォローをお願いいたします！

もしプリマベーラの仕組みを実際に現地で見てみたいと思った方がいらっしゃいましたら、ぜひ一度プリマベーラのバックヤードツアーにご参加ください。**私たちが遠回りをしながら積み上げてきた「ヤバい仕組み化の数々」を「最速最短」でマネしていただけます。**1つでも**「成果を出す仕組み」**をつくるヒントを得られたなら、心から嬉しく思います。皆様に直接お会いできる日を楽しみにしております！

仕組み化経営コンサルタント　松田幸之助

第8章のポイント

- 仕組みが人を動かし、人が仕組みを磨くことで、成果の出る仕組み化経営が実現する。
- 仕組みをつくるだけでなく、それを動かす「人財教育」が不可欠であり、スキル・モチベーション・ベクトルを整える必要がある。
- 「自走化（決められたことを、自分で行動すること）」から「自創化（自分たちで決めて、自分で行動すること）」へ進化させることが組織の理想形。
- 成果を最大化するために、従来のPDCAに「ゴール設定（G）」と「横展開（Y）」を加えた「GPDCAYサイクル」を活用する。
- 成果の出る仕組みづくりを実践し続けることで、組織は強くなり、持続的な成長を遂げることができる。

コラム

モチベーションに頼りすぎない経営をする

執筆：吉川充秀

京セラの創業者、稲盛和夫さんの「人生の結果＝考え方×熱意×能力」という方程式のメッセージの1つは、「能力がそれほどなくても、熱意でいくらでもカバーできる」というものです。これを企業経営に応用すると、「スキルが足りなくてもモチベーションでカバーできる」と捉えられます。私たちは、かつて会社のホームページにも「モチベーションカンパニーを目指す」と表現して、モチベーションの高い集団にしようと努力していたことがあります。私たちの会社では、モチベーションを大切にしつつ、その逆の用語も定義しています。

【意思の力】

偉大です。が、同時に、この世でもっとも当てにならないエネルギー源です。

モチベーションは大きく上下します。モチベーションの力は大きいのですが、頼りにするのは危険です。前述した96ページの図の矢印で言えば、矢印が増減するのがモチベーションです。**大きなパワーになるモチベーションだけど、当てにならないと考えて経営をする。それが、仕組み化経営の出発点です。モチベーションのような可変要素を当てにしないで、安定的に実行確率が高い仕組みをつくるほうが、成果は出ます。**このことに気づいてから、モチベーションカンパニーは取り下げて、「仕組み化日本一の中小企業を目指す」と宣言して、たくさんの仕組みをつくってきました。

モチベーションを大切にしながら、一方で強かに「必要性」という仕組みで実行確率を上げる。スキルとベクトルは教育するほど、レベルが上がります。長期的にスキルを磨く教育と、ベクトルを合わせる教育の仕組みをつくり、あくまでもプラスワンとして、モチベーションが上がりやすい環境をつくる。モチベーションに頼りすぎない経営をすることが、大切です。

仕組み化経営のOSをどう根づかせるか？

経営計画書、環境整備、お客様第一主義、この3つが、仕組み化経営のオペレーティングシステム、すなわち基本ソフトウェアだとすると、これをどのように従業員さんにインストールしていくのか。それには、例えば「お客様」という言葉を定義して、ベクトル用語集に入れます。そして、勉強会を開いて、具体的に解説していきます。

【お客様】
大恩人です。無警告で離れる。今日、今の対応で判断されるので、お客様の不満にはすぐに対応する。

さらには、お客様第一主義とはどういうことなのか。プリマベーラで言う「お客様立場主義」とはどういうことなのか。これも定義していきます。

【お客様立場主義】
お客様の立場にたって物事を全て考えることです。反対は「お店都合主義」。お店の内部に入ると、いつの間にかお客様の立場で考えられなくなる。

こうやって、**「お客様とはこういうものだろう」という暗黙知を、定義することでハッキリと形式知にして、**この用語解説をする勉強会を繰り返します。つまり、用語集に入れて仕組みにする。その仕組みに則り、勉強会を開催する。そして、開催した勉強会を動画化、音声化して、e-ラーニングのライブラリーにして、視聴しないと評価が下がるような仕組みにしていきます。

かっこよく言えば、**仕組みで人を教育する環境をつくって、人がその仕組みを運用することで、ブラッシュアップして磨いていくわけです。**

お客様第一主義を根づかせるためには？

ところが、従業員さんは、社長や上司の「言っていること」よりも「やっていること」を見ます。そこで、**社長自らが、そのお店やサービスの一番厳しいお客様になりきる**ことを、私が現役経営者時代は実践していました。お店に行って駐車場から降りると、なめ回すようにお店を見ます（笑）。店舗の駐車場は掃除ができているか、お店のポスターは水平に貼ってあるか、入店したら、「いらっしゃいませ、こんにちは」の挨拶が入り口まで聞こえるか、売場の商品は人気商品と新作が売り込まれているか……。

そして、この「一番厳しいお客様目線」をリスト化していったのが、CSC（カスタマーサービスチェック）です。別名、**お客様満足度点検**です。つまり、**このチェックリスト通りにお店を最適化していけば、お客様が求める理想のお店をつくれる、というように設計がしてあります。**つまり、**仕組みを通じていつの間にか、お客様目線を学べるように、上手に設計してあるわけです。**そして、このチェックリストもまた、毎月ブラッシュアップしていきます。

従業員さんがお客様第一主義になるには、前著『ヤバい仕組み化』でも書いた通り、

お客様の声を集めることです。つまり、**従業員さんの興味の範囲を、「お客様の声」に焦点を合わせる**わけです。プリマベーラでは、日報革命のテンプレートに、「お客様の声」という項目と、「お客様が喜びそうなアイデア」という項目を用意して、**毎日、日報を書くたびに、お客様第一主義にすりあわされていくような設計**にしてあります。

GPDCAYサイクルこそが成果を出す「教育」の仕組み

『ヤバい仕組み化』でも書いたように、PDCAサイクルを全てGPDCAYサイクルに置き換えると成果が出ます。**PDCAサイクルとは、「改善のためのサイクル」**です。実行して検証して改善して次につなげるためのものです。どちらかと言うと、製造業などの物づくりで、よりよいモノに改善していくためのプロセスです。

一方、**GPDCAYサイクルは、成果を出すためのサイクル**です。プランをつくる前にG（ゴール）を数値化します。私たちの会社の言葉で言えば、期待成果です。期待成果を算出して、プランを立てるのですから、そのプランが成功だったのか失敗だったのかが一目瞭然です。GPDCAYのAのアセスメント、改善の段階で、成果が出ていれば、横展開をすることを決定し、成果が出ていなければ、プランを変えたり、中止するということを意思決定できます。

さて、**GPDCAYサイクルで経営を回していくと、従業員さんが成果脳になります。**Gという期待成果を出すためにどうしたらいいかと考えて仕事をするようになりますから。そして、成功事例を横展開（Y）して倍数にすることを考えるようになります。ずばり、**成果脳集団をつくるという点で考えれば、このGPDCAYサイクルを「徹底する」ことをオススメします。**徹底とは、「人が見て異常」と思うくらいにすることです。前著の『ヤバい仕組み化』でも述べたように、**「期待成果は？」を口癖にする。すると、従業員さんが「期待成果算出集団」になります（笑）。**

そして、**会議で成功事例の横展開をし続けると、「成果倍増集団」になります**（笑）。**成果を横展開するということは、1つ上の視点から仕事をすること**に他なりません。一店長が、「この成功事例を全店に横展開したら成果が33倍になる」と発想するわけですから。

この本では、さまざまな人財育成のための研修や取り組みを紹介してきましたが、GPDCAYサイクルを回して仕事をする、という癖づけが最も成果に直結し、人が成長する取り組みかもしれません。

何しろ、GPDCAYサイクルを回し続けた結果、プリマベーラは成果を出し続ける自走・自創集団になって、私は社長を卒業して会長になり、ゴミ拾い仙人として日本中、世界中を旅して過ごしているわけですから（笑）。

おわりに

吉川充秀

■ドライな仕組みとウェットな理念をセットにする

「人財輩出企業にする。他社から引き抜かれる人財を育てる。」

経営計画書をつくった2008年当時から、変わらない私たちのビジョンです。

同時に、私たちは**「仕組み化日本一の中小企業を創る」**というビジョンも掲げています。仕組みでガチガチに固めていくと、血も涙もないドライな会社になりそうなイメージがあります。私たちプリマベーラは、成果を出すために、「不安定な」モチベーションに頼りすぎずに、ドライに経営をするという側面も持ち合わせています。一方で、人の成長を促すために、人財育成に力を入れ、「この会社で働いて成長できた、この会社で働いてよかった」と、働く従業員さんから言ってもらえるような、そんなウェットな経営もしています。

つまり、**仕組みというドライさと、理念というウェットさの両面を兼ね備えています。**本書でも何度か書いたように、**私たちの会社の目的は、経営理念の実現です。**その理念の中心が、働く従業員さんの物心両面の幸福です。その幸福を達成するには、成果が必要です。だから、**成果を出せるような仕組みをドライに創り上げてきました。ドライな仕組み化は、ウェットな経営理念を実現するためのパーツに過ぎないわけです。**

人財の定義を、私たちは「人財への10ヵ条を高いレベルで実践している人」としています。本書でも触れたように、「素直」「愚痴、陰口を言わない」「長所伸展」など10個の項目を毎日、経営理念と一緒に読み上げて、**「人財のベクトル合わせ」**をしています。**人財をこのように具体的に定義することは、オススメ中のオススメです。なぜなら、これが会社の求める人財であり、同時に従業員さんが目指すべき人財だからです。私たちの人財育成のゴールは、「成果を出せる」ことと「人間的成長」です。**成果を出すことだけを主眼に置いた採用、教育を進めると、いわゆる鼻持ちならない「イヤなヤツ」が出てきます。「成果を出しさえすればいいんだろ？　みんなで何かをやるなんて、オレはいやだよ」。どの会社にも何人か、いそうですね（苦笑）。

ところが、ベクトル勉強会やニコニコワクワク研修など**「人間的成長」を目的にした教育をセットにすると、「イヤなヤツ」が輩出される確率が減ります**（笑）。「自分自身が、イヤなヤツで、会社のベクトルに合ってなくて、チームワークを乱している」ことを**自覚できる機会が、勉強会でたくさんありますから**（苦笑）。ちなみに、プリマベーラでは、チームワークを乱す人は、大きく評価が下がる仕組みを評価制度にドライに組み込んでいます（笑）。

社長として、**「成果が出せて、チームワークを尊重してくれて、いわゆるいいヤツ」**

な社員を育成できたら、どんなに心強く、そして経営が楽しくなるでしょうか？　プリマベーラの「ヤバいくらい成果が出る人財育成の仕組み」は、究極的には、そんな社員を育成するための仕組みです。

■社長こそ「スキル×モチベーション×ベクトル」を最大化する！

プリマベーラのマネジメント方程式は、スキル×モチベーション×ベクトルだと本書で、伝えてきました。**この方程式はずばり、社長個人にも当てはまります。いえ、社長個人こそ当てはめていただきたいのです。**中小企業はトップで99％決まると言われています。であれば、マネジメント方程式を当てはめて、最も対策を必要とする重点対象は、99％たる個人である社長その人、なのではないでしょうか？

社長としての成果を上げるためには、社長のスキルを磨き、モチベーションを高め、ベクトルをはっきりさせる必要があります。

中小企業の社長の授業科目は、本文でも触れたようにたくさんあります。身につけるスキルが山ほどあります。社長としてのテクニカルスキル、ポータブルスキル、そしてライフスキルをそれぞれ磨く必要があるわけです。例えば、新規事業に参入すれば、その業界特有のテクニカルスキルを学ぶ必要があります。整骨院業界であれば、健康保険の知識をはじめ、国家資格者の柔道整復師、鍼灸師と会話をするために最低限の手技や治療の知識も必要になります。新規事業に5つ参入すれば、5つ分のテクニカルスキルが必要になります。

また、社長としての「意思決定業務」「チェック業務」「会議の運営」「伝える能力」「聴く能力」「面談スキル」「トップ営業」「物件診断能力」「資金調達」「キャッシュフロー経営」「数値管理能力」……。ポータブルスキルは、あげればキリがありません。**その1つひとつのスキルを、長所は伸ばし、欠点は克服し、平均点以上に持っていく努力が必要です。何しろ、トップで99%が決まるのですから（笑）。**

人としてのライフスキルも、社員の誰よりも磨く必要があります。**「人格を磨く」**と言うとわかりやすいかもしれません。人から信用を得るために、言行一致であること。人から応援されるために素直であること。愚痴・陰口を慎むこと。前向きに物事を捉えること……。**学校の道徳の授業で習ったような基本的なこと**もまた日々、磨き続ける必要があります。

まさに一生をかけて、社長自身のスキルを磨き、社長としての実力を上げることが必要です。

そして、社長も人の子です。モチベーションが上がったり下がったりします。私は、現役社長時代、自分のモチベーション管理に特に注意を払っていました。**特に大切なのは、モチベーションが上がる要因と下がる要因を自分なりに見つけ、その対策を仕組むことです。**

私のモチベーションが最も上がるのは、従業員さんとの懇親会です。飲み会の席で、「この会社に入って本当によかった」という従業員さんからのナマの声を直接もらい、モチベーションが上がります。

一方、こんな声も聴きます。「上司の田島店長のおかげで今の自分がある。その恩返しで、店長になりたい」「今はショップの店員だけど、実はデザインをやりたい」「うちは母子家庭で育ってきたので、お母さんを安心させてあげたい。そのためには正社員になりたい」。

こんな切実な声をさし飲みや、お店のスタッフとの懇親会でたくさん聴きます。こんな声が社長である私を突き動かす理由になります。

「自分は、石坂さんの夢を叶えるために、頑張ろう。彼の夢が叶うようなポストや職場環境を創ってあげよう」

こんなアルコールの入った飲み会での会話が、アルコールならぬガソリンになって、私のモチベーションを燃やしてきました（笑）。**自分のモチベーションを上げる正体がわかれば、そのイベントを定期的に組み込みます。**毎週のように、従業員さんとの懇親会や、さし飲みをスケジュール化して仕組み化することで、社長のモチベーションを上げ続ける仕組みができるわけです。また、モチベーションが下がる要因も特定できたら、同じように仕組みで解決をしていきます。

■社員が育てば、社長の早期「セカンドライフ」も夢じゃない！

社員のベクトルを合わせるには、そもそもで、社長が方向性を指し示す必要があります。どんな会社にしたいのか、どんな理念を実現したいのか。それを、言葉にして、はっきりと書いて、ベクトルを明確にするわけです。社長になりたての頃は、自分が立てたベクトルに自信がなくても、自信がないなりに明文化することをオススメします。それが、ベクトル合わせの扇の要の「経営計画書」の役割です。そして会社の辞書であるベクトル用語集があれば、ベクトルがさらに明確になります。そして、そのベクトルを示したら、勉強会を開催して社長が従業員さんとすり合わせをしていくわけです。

ここで、ラーニングピラミッドが、社長自身にも働きます。「教える人の学習効果は90％」でした。教える人は二度学ぶのです。**経営計画書を使った勉強会、ベクトル用語集を使った勉強会とは、表向きは社員のためでありながら、究極的には社長のべ**

クトルをより強固にするためなのです。ベクトルを社員に教えながら、自分自身にベクトルをインストールし直しているようなものです。

社長のベクトルが会社のベクトルになり、ベクトル合わせが進むと、そのベクトルに合わせてくれる従業員さんが増えます。価値観を揃えてくれる、大好きな従業員さんに囲まれて働けば、社長もモチベーション高く働けます♪　そして、「この社員のためなら、社長である自分もスキルアップを率先して頑張ろう」、そう本気で思えるようになる確率が上がります。**社長個人の「スキル×モチベーション×ベクトル」のマネジメント方程式が見事に最大化されていきます♪**

その結果、社員が成長し、自走社員が増え、社員が自創化しだし、読者の皆さんの会社が、私の会社のように、いつしか「社長である自分がいなくても大丈夫な会社」になるかもしれませんね。そのときは、私と一緒に旅をしながらゴミ拾いをしましょう（笑）。**私がセカンドドライフの「ゴミ拾い仙人」として活動できるのも、成果を出す**

仕組みをつくり、人が育つ仕組みをつくったからこそです。
まさに**「人の成長なくして、会社の成長なし」、「人の成長なくして、社長の卒業なし」**です（笑）。**従業員さんが成長をすると、社長が描く、輝かしいセカンドライフの実現が、さらに早まるかも**しれません。私が48歳で実現したように。

最後に、この『ヤバいくらい成果が出る人財育成の仕組み化』という書籍が、多くの社長の悩みの種であるマネジメントの解決につながったら、こんなに嬉しいことはありません。また、企業で働くビジネスパーソンの皆さんが、素晴らしい人財になる一助になったら、これまた本望です♪

この本を読んだ皆さんに、ヤバいくらいの成果と成長が、流星群のように降り注ぎますように♪
そして、この本の作成に関わってくださった皆さんに、流星群のような感謝を送ります♪

株式会社プリマベーラ　取締役会長　吉川充秀

夜には流れ星が降り注ぐサハラ砂漠でゴミ拾いをするために向かう、
モロッコのカサブランカ空港行きの飛行機の中で

YouTube のチャンネル登録はお済みですか？
仕組み化経営のやり方が無料で学べる
松田幸之助の仕組み化実践チャンネル

X（旧 Twitter）でも情報配信中！
書籍で書ききれなかった、人財教育の仕組みなど
ほぼ毎日投稿しています！

公式 LINE 登録で

７つのスペシャル特典をプレゼント

著者紹介

松田幸之助（まつだ・こうのすけ）

株式会社プリマベーラ経営サポート事業部社長執行役、兼CCO（Chief Consulting Officer：最高コンサルティング責任者）。

1989年生まれ。市川市立平田小学校卒業。家庭が貧しく13歳から働いて生計を立て、19歳でプリマベーラにアルバイト入社。アルバイトから、年商51億円企業のトップコンサルタントに上り詰める。延べ400社、10,000名以上の社長、幹部に経営指導を行い、業績アップを実現。経営者・幹部目線でのアドバイスはわかりやすく、実践しやすいと高く評価されている。指導先には日本経営品質賞を受賞するトップ企業も含まれる。

著書にベストセラー『ヤバい仕組み化』（共著、あさ出版）。

●SNS　YouTube：松田幸之助の仕組み化実践チャンネル
X（旧 Twitter）：@shikumi_matsuda
Podcast：松田幸之助の仕組み化経営のヒント

編著者紹介

吉川充秀（よしかわ・みつひで）

株式会社プリマベーラの創業者。現取締役会長、兼CGO（Chief Gomihiroi Officer：最高ゴミ拾い責任者）。

1973年、群馬県生まれ。横浜国立大学卒業後、地元のスーパーに入社。24歳でビデオショップを開業し、26歳で高額納税者に。2008年、株式会社武蔵野の小山昇氏の実践経営塾に入会。先輩社長から「スピード違反」と言われながらも、爆速で経営の仕組み化を進め、入会後１年２ヶ月という史上最速で改善事例発表企業に選出される。以降、経営計画のチェック講師を10年間歴任し、延べ2,000人の社長の経営計画を指導。2022年、小山昇氏が認定する、受講料176万円の実践経営塾の講師の７人のうちの一人に選ばれる。2023年に代表取締役を退任し、現職。2025年３月現在、プリマベーラは従業員数400名、４事業部18業態52店舗を展開し、年商51億円。15期連続増収増益を更新中。ライフワークはゴミ拾いであり「ゴミ拾い仙人」としてメディア出演、講演活動多数。著書に『ゴミ拾いをすると、人生に魔法がかかるかも♪』『ヤバい仕組み化』（共著）（いずれも、あさ出版）、『自分で自分の機嫌をとる習慣♪』（かや書房）。

ヤバいくらい成果《せいか》が出《で》る　人財教育《じんざいきょういく》の仕組《しく》み化《か》　〈検印省略〉

2025年　4　月　29　日　第　1　刷発行

著　者――松田 幸之助（まつだ・こうのすけ）
編著者――吉川 充秀（よしかわ・みつひで）
発行者――田賀井 弘毅

発行所――株式会社あさ出版
〒171-0022 東京都豊島区南池袋 2-9-9 第一池袋ホワイトビル 6F
電　話　03（3983）3225（販売）
　　　　03（3983）3227（編集）
F A X　03（3983）3226
U R L　http://www.asa21.com/
E-mail　info@asa21.com
印刷・製本　文唱堂印刷株式会社

note　http://note.com/asapublishing/
facebook　http://www.facebook.com/asapublishing
X　https://x.com/asapublishing

ISBN978-4-86667-738-5 C2034